Z世代の生徒とつくるはじめての部活動

浅見和寿

明治図書

はじめに

現在の中学生・高校生は、激しい時代の変化の中で、やることも多く、何をするにも選択をしなくてはならなくなってきました。

それは、時代が多様性を認め、メディアが進化していくにつれ、コンテンツが溢れてきたからというべきでしょうか。

世の中は変化してきたのに対し、1日24時間という時間は、過去も現在も変わっていません。

昔は、可処分時間（自身が生活に必要な時間を差し引いた自由な時間）の使い方が、良くも悪くも画一化していたように思います。

つまり、放課後になれば部活動に参加し、その後に家に帰ってテレビを見たり習い事をしたりして、また次の朝は朝練に行って…のような形が多かったように思います。

しかしながら、現在は、可処分時間をどのように生み出し、その時間をどのように消費するのかが、多種多様になってきています。

それが、放課後の部活動なのか、好きなアイドルに対しての推し活なのか、ファミレスでのゲームなのか、YouTube等での動画配信なのか。

学校の授業が終われば、生徒は、手元の端末で様々な活動を行えるようになりました。メディアの進化によって、自分たちが好きな時間に好きな場所で、好きなことが行える時代になってきたのです。

つまり、部活動をやらなくてもよい（やる必要がない）という状態です。

現在の中学生・高校生はZ世代と呼ばれるようです。そもそもZ世代とはどういう世代なのでしょうか。

一般的にミレニアム世代の後に生まれた子どもたちを指し、1997年から2012年までの間に生まれた世代を指すと言われています。

その特徴としては、デジタルネイティブと呼ばれ、スマートフォン、ソーシャルメディア、インターネットなどのテクノロジーに精通しており、これらのツールを自然に活用することができるという点や多様性やインクルーシブについて非常に関心があり、社会的な平等を重視するといったことも言われています。

そういった特徴の中でも私が一番感じているのが、短期的な情報処理能力です。

Z世代は情報を高速で処理し、要点を抽出する能力に優れているという点です。

その真偽についてはどうあれ、情報があふれる現代社会において、彼らは迅速に情報を吸収し、必要な情報を選択するスキルをもっていると感じています。

そして、その時間の使い方も非常にシビアで、動画や映画すら二倍速で見るといったことは普通に行われています。

もちろん、よいところだけではないということも理解しておりますが、このようなZ世代のよい特徴を理解し、この特徴にあった部活動の指導ができれば、お互いによりよく部活動に励めるのではないかと思います。

その一端を本書で示すことができ、読者様の参考になれば幸いです。

2023年8月

浅見　和寿

はじめに

第1章 部活動をアップデートする5つの視点

第2章

令和時代の部活動顧問としての在り方

第3章

部活動に参加する生徒のニーズ

第4章

顧問も生徒もチームの一員

第5章

Z世代とつくる部活動　ポイントまとめ

第1章

部活動をアップデートする
5つの視点

視点
1
部活動顧問は一人で抱え込んではいけない

いままで

多くの部活動の顧問が一人ですべてを回している

⇦

これから

学校内外問わず、様々な人の力を借りる

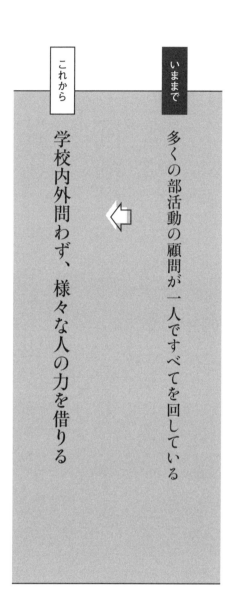

部活動と教員の専門性

学校の先生の仕事に部活動指導があります。部活動が教員の仕事かどうかという議論はひとまず置いておいて、実際に部活動に携わっている方が多いように感じています。

さて、この部活動、自身で好きな部活動の顧問を選択できている先生が何人いるでしょうか。

例えば、幼い頃にやってきたサッカーの経験を生かして、サッカー部の顧問となり、部活動の指導をしたい人。しかし、既にその学校では、同じようにサッカー経験のある人が顧問をしていることもあるでしょう。

そうすると、サッカー部の顧問になることは容易ではありません。いくらサッカー部の顧問になりたいと願っても、野球部になったり、水泳部になったりすることもあります。自身が一度も経験したことのない部活動をもつことになったりするわけです。

そういう私も、中学校から始めたバスケットボールを高校まで続け、大学や社会人になっても継続してプレーしてきたので、教員になったらぜひバスケ部の顧問になりたいと思っていました。

しかし1年目は、スキー部の顧問。もちろん競技スキーのため、レジャーとは異なり技術が必要なものです。そもそも雪国でもない県でどのようなトレーニングをすればよいのか、当時は頭を悩ませました。

とはいえ、顧問になったからには、投げ出すことはできませんでした。

そこでまずは、部員たちとコミュニケーションを取り、1年間の部活動の流れを確認しました。

部員たちに話を聞きながら、今年の運営方法をどうしたらよいか一緒に考えていく。前年度と大きく体制を変えてしまうと、その分反発も大きいです。ましてや、その競技に精通していないならなおさらです。部活動の運営については、生徒とのコミュニケーションを通して、信頼関係をつくってから行うべきなのです。

また、専門ではないにしろ、ある程度競技については学ばなければなりません。入門書を読み、試合のルールや専門用語の確認、練習メニューについては、簡単に押さえておくと、「先生も勉強している」と思ってもらえて、さらに信頼関係が深まるでしょう。

生徒とともに活動してみる

自身が経験したことがないスポーツに新たに挑戦するには、勇気が必要ですよね。ただ、その部活動は、(新規でつくられたものでないのであれば) 生徒が練習のやり方や1年間の見通しをもっているはずです。

また、前年度の教員も異動していないのであれば、詳しく話を聞くこともできます。まずは、生徒に教えてもらいながら活動をともにしてみるとよいでしょう。

最初からともに活動することをこちらから拒絶してしまうと生徒も心を閉ざし、コミュニケーションも生まれず、お互いにとって不幸になってしまいます。

とはいえ、無理に最後まで一緒に活動することはありません。今まで運動をそんなにしてこなかったり、年齢によって体力が落ちていたり、顧問の先生の事情は様々です。無理することなく、生徒の日頃の活動に目を向けてあげるとよいですね。生徒は、一緒の時間を共有してくれるだけで嬉しいものです。

なお、ここで気を付けたいのは、先生が高圧的に生徒に指示すること。はじめてその部活動の顧問になった場合や、その部活動の専門でない場合は、**生徒とともに部活動をつくっていくイメージ**がよいでしょう。

部活動に関わるお金の計算や大会の参加登録等は分業で

どの部活動においてもそうですが、部活動を行う上ではお金がかかります。例えば、バドミントン部を例に挙げると、シャトル・ユニフォーム・体育館使用料等があります。もちろん個人としては、ラケットやシューズを購入しなければいけません。学校の体育館が自由に使用できる状態であれば、特に体育館使用料もかかりませんが、部活動の数が多いと、体育館を利用できる時間が限られてしまい地域の体育館を使用することもあると思います。

お金に関しては、ほとんどの学校が部活動費を割り当てられていると思いますので、今年どのようにお金を使用したのか確認しながら使用しなくてはなりません。意外とめんどくさかったりするものです。

同様に大会の申し込みについてはどうでしょうか。これも部活動によって様々だと思います。バスケットを例に挙げてみましょう。

大会に出場するためには、ＪＢＡ（公益財団法人日本バスケットボール協会）にチームの登録と競技者の登録をしなければなりません。その後に、実際の大会に参加するため、選手の登録をするのですが、その際には身長・体重・ポジション・番号等記入する必要があります。そして最終的には、学校長に判断してもらい学校印を押印してもらってはじめて大会の出場ができます。

ここでもお金が関わってきますので、大会前は書類の記入とお金関係で色々とバタバタします。

もちろんその間も生徒は部活動を行っています。常に一緒に活動をしていると書類を作成する時間もなかなか取れないかもしれません。

また、大会前となれば練習試合を組むこともあるでしょう。その際には、相手校に連絡を取り、日程調整もしなくてはなりません。

このような作業を顧問一人でしていたら、普段の他の仕事も重なり長時間労働になってしまうのが目に見えています。

しかし、実際の現場ではこのようなことが頻発していることと思います。

特に部活動顧問1年目は、右も左もわからず何をしてよいかもわからないものです。**周りの先生方に聞いたり、顧問の中で業務を分担したりする**ということが、解決の糸口になりそうです。

また未来の自分を助けるためにも記録やデータをしっかり残しておいた方がよいでしょう。何月には大会の申し込みがあり、何月には選手登録がある等、記録を取っておくと、来年の自分や、引継ぎの時に次の顧問が大変助かると思います。

全部を顧問がやらなくてよい

先述した内容を全部一人でやるのは、とても大変です。部活動の顧問だけでなく、実際は他にも仕事はたくさんあります。その中で、どのように部活動と関わっていけばよいのでしょうか。

大切なのは、**分担すること**です。

ほとんどの学校では、顧問は恐らく一人だけではなく、二人〜三人はいるでしょう。

その場合は、顧問の先生方で話し合って、部活動の時間の指導や練習試合の日程調整を担当する先生、大会の申し込みや物品管理を担当する先生、生徒・保護者への連絡の文書作成・部活動に関わるお金の関係を担当する先生等とタスクをしっかり分けて分業します。先生の中には、育児があったり、介護があったりといった事情を抱えている先生も少なくありません。

その中で、部活動をもつのは非常に厳しいと考えるのは普通のことです。

そうであるならば、最初から細分化して配置してしまえばよいのです。

「日頃の部活動の時間は学校にいられなくても、お金の計算をするのはできます」、といったような先生も出てくるでしょう。

専門でないのなら技術指導を任せてみよう

技術指導が上手くいかなくて悩んでいる先生も多いです。

しかし、立ち止まって考えてみれば、技術指導がうまくいかないのは当然のことです。

各教科の採用試験を受験し、その教科の力を認められて教員になっているのであって、**部活動の技術指導ができるから採用されたわけではありません。**

もちろん、自分が経験してきたスポーツの部活動を指導できるのはとてもよいことです。ただ、それができない先生もいます。

自身が研修会や書籍や動画などで勉強しながら、生徒とともにスキルアップしていくというのもよいと思いますが、そこまで時間が取れないよという先生が多いでしょう。

それならばいっそのこと、他校の先生に任せてみるのはいかがでしょうか。

他校のどこかには、その競技の専門家がいるはずです。その先生に相談して、練習に混ぜてもらったり、練習試合をしてもらうことで、自校の練習の質を高めたり、内容を考えたりすることができます。

私がバドミントン部の顧問をしていた時、右も左もわからない時に、専門の先生がいる高校で合同練習させてもらったり、練習試合に混ぜてもらったりしたものです。そのこともあり、生徒たちはそこで教えてもらったことを自校に持ち帰り必死で練習していたことを今でも覚えています。

もしくは、何も他校の先生でなくてもよいのです。知り合いに経験者の方がいるのであれば、その方に相談してみるのもよいでしょう。

また、卒業生のネットワークを駆使して、ＯＢに手伝ってもらうということも考えられます。

現在では、各教育委員会がそのような外部人材を確保し、部活動を指導してもらえるような取り組みをしているので、積極的に情報を集め利用するとよいでしょう。

ただし、外部の方が入るということになる場合は、必ず管理職の先生に相談することが必要になります。指導中に事故が起きてしまったり、思わぬトラブルにまきこまれることもあるからです。

私の知り合いが勤めている学校では、地元のテニスクラブと契約して、専門の指導員に週に一度学校に来てもらって技術指導をしているというような話も聞きます。

生徒のためにも、先生のためにも一度立ち止まって考えてみる必要があるのではないでしょうか。

そうすることで、若い先生に激しい運動部を担ってもらうような文化はなくなっていくはずです。

視点
2
活動時間の最適を探る

いままで

時間が許す限り長時間練習している

⇦

これから

適切な練習時間を生徒とともに模索する

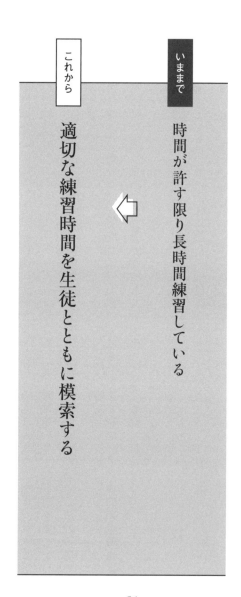

現在の部活動時間は適切か

現在、先生方が担っている部活動の活動時間は何時間でしょう。

そしてそれは、適切な時間でしょうか。

この問いに関して明確に答えられるという方は少ないと思います。

私も答えをもっているわけではありません。また部活動の種類によっても異なりますし、部員数によっても異なります。

部活動の時間においては、各教育委員会でもガイドラインが示され、その中で部活動を行っていることと思います。

しかしそんな中で、長時間の練習を継続している学校もあるという話を聞きます。それはどうしてでしょうか。

一つには、「**今までそれでやってきたから**」ということが挙げられるでしょう。

例えば、運動部で毎日部活動を3時間行ってきた部活動が、急に1日1時間半、しかも毎日ではなく、週に3日間となったらどうでしょうか。

顧問も選手も不安になってしまうことでしょう。

練習時間が短くなったら、大会での成績が落ちるのではないか。他校にもっと練習されたら勝てないのではないか等々の思いが駆け巡ります。そうすると、やはり部活動は長時間がよいという流れになっていくのだと思います。

実験的に週3日間やって本番に臨んだ場合結果は変わるでしょうか。そうなのです。その勇気がないからこそ、前年度踏襲が続いてしまうのです。

私は、毎日部活動をやる学校も経験しましたし、施設利用の時間の制限の関係で、週に3日しか練習できない学校にも勤務したこともあります。

どちらも一生懸命練習していますが、週に3日しか練習できない選手の方が、時間を惜しんで練習しているような気がしています。

仕事もそうですが、制約があるとそれに合わせなくてはなりません。**その中でどのようなパフォーマンスを出すのか**が求められています。

〆切効果を使って一度、時間に制限をかけて練習してみることをお勧めします。

長時間練習しないと上手くならないのか

ある程度の時間練習しないと上手にならないというのは、疑う余地はないでしょう。それは部活動においてもそうですし、勉強や他の習い事でもそうです。

では、長時間練習しないといけない理由はなんでしょう。

「やればやっただけ、上手くなって大会で勝てるから」「皆と多くの時間を共有することで、合同練習ができ、コンテストで入賞できるから」等、部活動のその先にあるものは、大会での成績です。

最近では「勝利至上主義では駄目だ」「心身の育成が部活動の本質だ」という声も聞こえてきています。どちらも正しいと思いますが、そうだとするとどのように生徒に指導していけばよいのでしょうか。

生徒が部活動に入部するのは、その部活動が好きだからだと思います。

そして大会があれば、活躍したいし、できれば勝ちたいと思うのは自然の流れだと思うのです。

その競技で勝つために何を優先して学ぶか

よく、優先順位をつけて行動しましょうと言われますが、部活動においてもそれと同じことが言えます。

その部活動の競技では、**どのような技術を最初に身に付ける必要があるのか、どこに時間を割けばよいのか、徹底的に考えましょう。**

ここではバスケットボールを例に挙げて考えてみることにします。

バスケットボールは、ボールが絡んでくるものとしては、ドリブル・パス・シュート・リバウンドが挙げられます。ドリブル・パス・シュートはオフェンス側にしか存在せず、リバウンドはオフェンスにもディフェンスにも存在します。ボールを持っていない選手は、基本的にはコートを走り回っているので、体力も必要かもしれません。

今度はディフェンスを考えてみましょう。ディフェンスは、ボールも持っていません。ボールを持っているオフェンスの邪魔をするのがディフェンスの役割です。

しかし、これはオフェンスに対して、自分がどう動けばよいのかを理解することが第一なので、必ずしも体育館でやらなくてもよいのかもしれません。

このように考えていくと次のように結論付けることができます。

- 体育館で練習しないといけないもの（ボールを使う練習）
  ドリブル・パス・シュート・リバウンド
- 体育館で練習しなくてもよいもの（ボールを使わない練習）
  ディフェンス練習

次に考えるのは、皆でやらないといけないものかどうかです。

例えばシュートの練習であれば、一人でもできます。

ただし、パスをもらってからのシュートだと、パスを出す選手も必要です。

ディフェンスについても、1対1のディフェンスであれば、二人いればよいですが、5人が連動して動くようなディフェンスであれば、5人必要です。

このようにまとめていくと次のようになりそうです。

・皆で練習しないといけないもの
5人が連動して動くシステム的なオフェンスやディフェンス
・個人でも練習可能なもの
ドリブル・パス・シュート・リバウンド

このように分解していくとどうでしょうか。

バスケ部の活動において、皆で集まってやらないといけないのは、「体育館で集まって皆で練習しないといけないもの」に絞られます。

週に3日、1日1時間しか練習できない環境だった時は、さらに優先順位をつけていき、ドリブル・パス・シュート・リバウンドの中で、シュートを一番に置き、徹底的に練習しました。また、ディフェンスは一つのディフェンスに決め、ひたすら精度を高めていくという練習を繰り返しました。

極端に特化させた練習方法ですが、そのかいもあってか、2年目には、2大会連続優勝という結果となりました。その具体的な方法は、第3章で記載します。

時間がない方が頭を使う

時間がない方が、物事がうまく進むなんて経験はないでしょうか。

例えば締切が近くなってきたら仕事がはかどるとか、逆に時間がたくさんあると、のんびりしてしまって、結局何もしなかったなんてことは誰しも経験があると思います。

そう考えると、今の部活動の練習時間を半分にするとか、土日の練習を止めるなど、時間を減らすとどうなるでしょう。生徒はどのように変化するでしょうか。

私の経験では、生徒は必要性を感じれば自分で練習するようになります。例えば、体育館を自分たちで取って練習したり、クラブチームに行って練習したり等です。

生徒たちが、そういうマインドになってくれれば、個人練習は自分たちで練習してもらって、部活動の時間は、全体練習に使えます。

では、生徒がそのように変容するためにはどうしたらよいでしょうか。

それは、**やるべきことと日数を教えること**です。

このような技術が必要だけど、部活動の時間だけでは足りない、しかし、この技術がないと大会で勝ち上がっていくのは厳しい、というような感じです。勉強もそうですが、先生が全部を教えることなんて不可能なのです。生徒のやる気を信じて待ってあげることも必要だと感じます。

「やらされている」マインドのまま部活動を3時間やるのと「自分の意志でやっている」マインドのまま1時間を活用するのとでは、後者の方が実力がついているような気がしています。

生徒だけで自走できる部活動を目指して

生徒だけで自走できる部活動には、何が必要なのでしょうか。やみくもに「やれ」と言って生徒たちが自主的に始めるなんてことはありません。

そのためやはり、**明確な目標をチーム全体で共有すること**が望ましいと考えます。部活動は一定の目的をもって行われます。スポーツであれば、大会での勝利を目指すかもしれませんし、文化系部活動であれば作品の制作や発表会での入賞を目指すかもしれません。

そこで必要になってくるのは、部員全員で共有する明確な目標とビジョンです。これは集団の一体感を醸成し、動機付けを高め、部員それぞれが自主的に行動するための方向性を示します。

では、どのような目標やビジョンを立てればよいのでしょうか。

まず、一つ挙げられることで言えば、部員全員で掲げたものである、ということです。先生や部長だけが勝手に方向性を決めてしまうと、何か上手くいかなかった時に「この目標は私たちが相談して決めたことではない」となってしまい、どこか他人ごとになってしまうのです。

そうなってしまうと、「自走できる部活動」からは遠く離れてしまうでしょう。

私の例を挙げれば、過去の自分たちの成績と、今の自分たちの状況を話し合い、部員の皆がその目標で納得できるようなものを掲げるようにしています。

例えば、過去の成績が県大会ベスト８入賞であったとします。新チームになって、選手層も厚くなっているのが、誰の目にも明らかであり、皆が部活動に対して前向きであるようであれば、県ベスト４を目標に掲げます。

逆に、人数も減り、チーム全体が落ち込んでいる時はどうでしょうか。

先輩たちからバトンを受け継ぎ新チームになったけれど、次の代は、戦力が劣るから、目標も県大会出場にしよう…、と、教員側で決めることはしないのです。子どもたちの納得の上で、どのような目標を掲げるかを考えます。

過去に、私が受け持った運動部が県大会優勝をしたことがあります。人数は少なかったものの、熱意のある生徒が多かったこともあり、好成績を残すことができました。その先輩たちが卒業し、スターティングメンバーも大きく変わった次の代は、戦力ダウンが誰の目からも明らかでした。しかし、結果は先輩たちと同じ県大会優勝。不思議なものです。

後日談ですが、先輩から部活動を引き継いだ際、「先輩たちの想いも同時に受け取り、僕たちの代でその先輩たちが築いた成績を落としたくなかったのです」とのこと。大人が立てた目標ではないからこそ、生まれる感情ではないでしょうか。

チームが成長すると、顧問の見えないところで様々なよい動きが増えてくるように思います。

視点
3
部活動をやらされている生徒は育たない

いままで

努力の絶対量を増やし、いつの間にかやらされている

⇦

これから

努力はもちろんだが、
それよりも生徒自身で楽しむことが大切

昔と異なる生徒の環境

これからの時代を生きる生徒たちは、従来の生徒たちとは環境が大きく異なります。

昔は、スポーツ選手の練習風景は、テレビでしか見ることはできなかったですし、技術については本や指導者からしか情報が手に入りませんでした。

しかし、現在はどうでしょう。

世の中には、動画が溢れ、家にいなくてもポケットにあるスマートフォンでいつでもどこでも見ることができてしまう。

練習方法やプロの試合まで、情報を集めようと思ったら際限なく集めることができる。

本からでは伝わりにくかった情報が、体の動きとともに目に入って来る状況は、当時の生徒からしたら羨ましがられるでしょう。

つまり、生徒は自分自身で各部活動の練習方法や効果的な体の動きなどを知ることができるのです。

しかしながら、部活動をやらされている生徒は、どんなによい環境があっても、伸びることはありません。

自分から進んで「技術を身につけたい」「もっと上手くなりたい」この気持ちがなければ、どんなによい環境にいても駄目なのです。

では、どうすればよいのでしょうか。

それは、生徒の心に火をつけることです。

昔の言葉に「努力をする者は、楽しむ者にかなわない」というものがあります。これは、本当にそうで、その部活動を心から楽しんでいる者の成長は著しいです。

楽しいと上達も早く、上達するとまた楽しい。

この好循環によって成長していきます。

なのでまずは、「この部活動は楽しい、もっとやりたい」という生徒の気持ちを育ててあげることが大事なのです。

そのためには、その部活動の中で、成長が目に見えるメニューや、練習の中で一番楽しいメニューをピックアップし、練習時間の中に取り入れることが大切です。

バスケット部で例を挙げれば、シュート練習と試合形式のゲームでしょうか。私は、この練習メニューは、毎回の練習で必ず入れるようにしました。

教員の役割とは

では、教員は何もしなくても生徒に任せておけばよいのかというとそういうわけではありません。

確かに、すべての部活動のコンテンツが揃っているのであれば、教員は何もしなくてもよいように思えてしまいます。しかし、生徒は様々な動画コンテンツがある中で、どの内容が自分たちのチームにふさわしいのかを選択する必要があるのです。

バドミントン部を例にすると、どのような体勢で、どの位置に返球するのか、セオリーはあるにせよ動画によってその指示は微妙に異なっています。そのような時、「自分たちのチームではこのような理由で、こうしよう」というような軸が必要になってくるのです。

動画ではこのように言ってました、この動画ではそうではありませんでした、と言う生徒もいるかもしれません。部員たちが調べたことに関しては認めてあげ、その中でチームとしてどう歩んでいくのかを生徒とともに築いていく姿勢が必要です。傾聴の姿勢を忘れずにいたいものです。

視点 4

短い練習時間で最大のパフォーマンスを

いままで

毎日やらないと練習量が減り不安になってしまう

これから

決められた時間の中でどこまで成長できるか考える

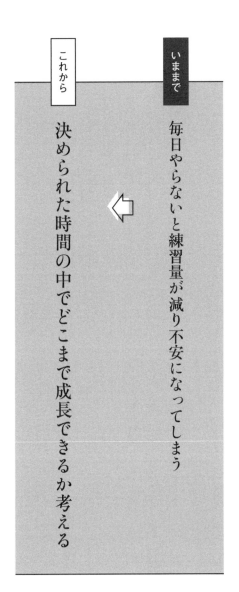

練習量に比例して技術は上達するのか

練習量が多ければ多いほど、技術は上達するのかと聞かれれば、ある程度そうであると言えるのではないでしょうか。自身が経験したことがない部活動に参加する際に、右も左もわからない人が、短時間で技術を習得することは難しいでしょう。やはりまとまったある程度の時間が必要であると思います。

しかしながら、技術を習得するまでのスピードは、工夫次第で変わってくるでしょう。例えば、スポーツであれば、練習中の動作をビデオで撮り、練習後そのビデオを見て自分のできなかった動きを確認するなどです。

そのようにして、毎回自分たちのよくなかったところを確認し、次の練習に臨むことができれば、それをしない生徒たちよりは数倍早く成長することができるのです。

よくPDCAサイクルを回すことが大切だと言われますがその通りで、そのPDCAサイクルを高速回転させることで、成長速度を上げることができます。そうすることによって、短時間の練習でも効果を上げることができるのです。

生徒のモチベーションを把握しよう

部活動に対して前向きな生徒であれば、多少負荷が伴う練習でもめげずについてくることでしょう。それは自分自身で上達のために努力が必要だとわかっているからです。

しかしながら、部活動に参加している全生徒がそうとは限りません。練習がつらい時、さぼってしまいたい気持ちも出るでしょう。また、公式戦が終わって、次の大会まで期間が空いてしまう時等は、モチベーションも下がってしまいます。短時間で練習の効果を最大限にしたいと考えてはいますが、やはり本人のやる気が一番大切になってきます。

Z世代の特徴は、「チル&ミー」だと『Z世代　若者はなぜインスタ・TikTokにハマるのか?』（光文社新書）の著者である原田曜平さんはおっしゃっています。チルとはまったりすること、ミーというのは自己承認欲求や発信欲求のことです。この自己承認欲求をしっかりと把握し、生徒たちに対して理解し承認してあげることが必要だと思います。

つまり、モチベーションが下がってしまっているということに対しても、生徒に寄り添うべきなのです。

ここで「モチベーションが下がるっていうのは意識が低いからだ」とか「大会で負けて(優勝する以外はたいてい負けて終わるが)悔しい気持ちはないのか？　次の大会まで3か月しかないぞ」などと声をかけたくなるでしょう。その気持ちは十分理解できますが、生徒たちもそのあたりは十分理解しているのです。理解はしているもののモチベーションが上がらないのです。ではどうしたらモチベーションを上げることができるのでしょうか。

①プロの試合を観戦する

自分たちよりも経験も技術もあるプロの選手の試合を見に行くことで、自分たちと比較し、モチベーションを高める工夫をしました。もちろん、そうなると「チケット代はどうするの？」「どのチームを見に行くの？」等が問題になってくるかと思います。生徒にとってみれば、自分が応援していないチームの試合を見に行くためにお金を払うということに関しては、嫌がる生徒もいることでしょう。

ではどうすればよいのか。バスケット部の場合は、JBA(公益財団法人日本バスケットボール協会)という組織と各都道府県のバスケットボール協会に選手登録することで、大会に出場できます。協会から定期的に送られてくるメールの中で、「プロの試合を無料で観戦しませんか」のような連絡が入ることがあります。そういった連絡をいち早くキャッチし、生徒に伝えていきます。プロの試合が無料で観戦できるということであれば、生徒たちものってきます。

②全国大会出場チームと関連付ける

練習と練習試合に全国大会出場チームの力を借りることも方法の一つです。

どういうことかというと、モチベーションが下がっている時に、いつもと同じ練習の繰り返しではなかなか生徒のモチベーションは上がりません。そこで、「全国大会に出場しているチームの練習方法を取り入れてみよう」と言ってみましょう。

大会に負けて悔しい思いをしている生徒は「上達できるかもしれない」と考え、モチベーションが下がっている生徒に関しては「全国大会に出場しているチームの練習ってどういうものなんだろう」と興味は湧くはずです。

もちろん実際に練習に混ぜてもらわなくてよいのです。今では、たくさんの学校の練習を、YouTube 等の動画配信サイトで見ることができます。そこから、自身のチームに必要な練習であり、さらに実績のある高校の練習を探し出してくるのです。

その動画をチームで共有して練習していく。そうするといつもと違った練習にやる気を出す生徒も増えてきます。

視点
5
顧問の先生の適材適所を考える

いままで

激しい運動部は若い先生にもってもらう

⇦

これから

部活動顧問の人数を増やして適切に業務分担

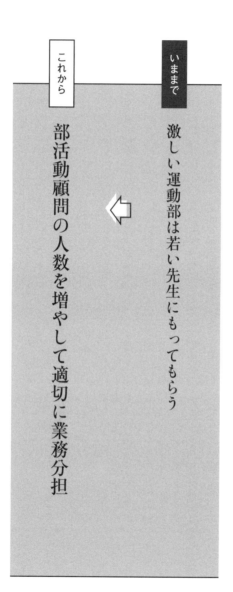

部活動の仕事を細分化しよう

先程の項目でも少し触れましたが、顧問の先生は一人ですべての業務を行わなくてよいのです。

運動部はもちたくないという先生もいるのが現実ではありますが、やはりその背景にあるのは、「小さい子どもがいるのに、土日まで出勤することができない」「自身がスポーツ経験がないのに怪我をしてしまったらどうしよう」等様々な理由が挙げられます。

また、若い先生にそういった部活動が割り当てられることもありますが、若い先生にももちろん事情があるでしょう。

ではどうすればよいのでしょうか。

それはやはり業務を細かく区切っていくことが大切です。

平日の部活動の時間を担当する人、週休日の部活動を担当する人、部活動に関わる書類を作成する人等、各々の先生が関わりやすいような形で仕事を細分化することです。

それが最終的に、部活動の顧問の負担を減らすことになるのではないでしょうか。

毎日の部活動を行う上で生徒にも協力してもらう

教員がやることについては、前章でも述べましたが、ここでは、部活動を行う上で生徒がやることについて具体的に考えていくことにします。現在指導している本校のバスケットボール部を例に挙げてみましょう。

①バスケットボールができる会場の準備をする

・自分がバスケをできる状態にしておく。（着替え、シューズ、飲み物、タオル）
・バスケットゴール（体育館に備え付けのゴールを使用できるように準備する）
・体育館のパーテーション（他の部活動にボールが飛んでいかないように網を張る）
・体育館の扇風機（夏季）の電源を入れ、ドアや窓を開けて換気を行う。
・練習をスマホで撮るためのセッティング及び音楽を流す準備をする。

②体育館が使用できるようになったら、体育倉庫から部活動に必要なものを出す

・デジタイマー（電源を入れて、バスケットボールの競技用にセッティング）

・作戦盤（バッグから取り出し、コート内十人の磁石を貼り付けておく）
・ボール（自分たちの練習で使用する数を出しておく）

③ルーティンの練習を始める

・ストレッチ及び軽いランニング
・ゴール下のシュート
・二人組になってシュート
・フリースロー

①～③については、生徒が部活動の始まる時間になったらやっておくべきことになっています。教員は授業があり、部活動前に授業のコマが入っていると、すぐに体育館に向かうことはできません。そのため生徒の方が早くなるので、準備を進めておいてもらいます。この準備を教員が来てから行うと、それだけで時間のロスになります。そのあたりについては、チーム全体で話すことで生徒も理解してくれるでしょう。

次は練習後についてです。

④体育館整備をする

・コートをモップでふく（その後はモップのゴミを払って、ゴミ箱へ捨てる）
・窓やドアのカギ閉め、扇風機（夏季）の電源を切る。
・デジタイマー・作戦盤・ボールの片づけ
・撮影用のカメラ及び音楽再生用のスマホの片づけ

⑤ミーティングを行う

・外部指導者が来ていたらまずは指導者から。
・顧問・副顧問・指名された選手が本日の振り返りを行う。

⑥帰宅後

・練習で撮ったビデオをアップロードする。
・アップロードされたビデオについて各生徒がコメントをする。

④～⑥に関しても、生徒が行うことになります。このように、できるだけ具体的にやることを明確にすることで、生徒自身もやりやすいですし、チーム全体の動きもスムーズになります。

第2章

令和時代の部活動顧問としての在り方

1

自分自身が、何ができるのかを自覚する

「先生は何でもできなければいけない」「先生は生徒のお手本でなければいけない」そのような思い込みは、自身の精神衛生上よくないですし、生徒との関係性にも影響してしまう恐れがあります。

先生は何でもできるわけではない

よく話題になるのが、先生は何でも知っていて、生徒のお手本にならなければならないというものです。

それは別に間違いではないのですが、先生も一人の人間なので、できることもあれば、できないこともあるでしょう。すべてのジャンルに対して精通している教員はいるはずがありません。

子どもの時は、大人が何でも知っているように思え、学校の先生も同じように思っていました。皆さんもそうではなかったですか。少なくとも私はそう思っていました。大人になったら何でも知っていて、何でもできると。

でも、実際自分が大人になってみると、案外知らないことも多いですし、生徒からの質問にも答えられないものもあります。特定の分野に絞れば、生徒の方が詳しいなんてこともあります。

特にZ世代はデジタルネイティブと言われ、SNSの活用なんて私たちよりもはるかに知識があり、当たり前のように使いこなしています。

これだけ情報がたくさん溢れていたら、生徒たちは、当時の私のように「大人は何でも知っている」なんて思っていないかもしれません。

大人だって人間であり、わからないこともあると既に理解している場合もあります。

もしかしたら私たち教員だけが「何でも知っているように、どの分野でも生徒のお手本のようにならなくては」と思っているのかもしれません。

実際に私も教員になって10年以上経ちますが、生徒たちは知っていて私だけがわからないこともあります。

それは、やはりSNSの中での話題や、サブカルチャーの分野です。

一昔前は、メジャーな漫画やアニメを生徒も教員も共有していた気がしますが、今ではタイトルを聞いてもわからないものもあります。

その時は、生徒に詳しく聞いたりするのですが、なかなか追いつけません。また、バスケ部の顧問であっても、生徒とBリーグの選手の名前や、NBAのプレー等の話になると全部がわかるわけではありません。

もうそこは開き直って、生徒に教えてもらいながら、寄り添っていこうと思っています。

生徒にどこまで内面を見せることができるか

先程書きましたが、先生は全知全能なわけではないのです。

落ち着いて考えれば当たり前な話なのですが、意外と忘れやすいのかもしれません。

そして、一番その罠にひっかかりやすいのは、実は教員なのです。教員自身がそれを認められず、できないところや知らないところを絶対に見せない方がよいと考えている方もいます。

例えば、自分が知らない事柄に対して、知ったかぶりをすると、その後生徒に聞かれた時に自身が答えられなくなり、生徒と距離を取ってしまったり、知らないことや答えられないことを隠すために高圧的になってしまったりします。

そのような対応は、**自分を苦しめ、さらに生徒たちにも悪影響を与えかねません**。

しかしながら、教員の気持ちもわかるのです。

「先生知らないの？」と何気なしに生徒が言ってくることがあります。生徒のその言葉の裏にあるのは「この先生はこのあたりのことまでは知っているだろうな」と思って聞いて、そうじゃなかった時に「先生知らないの？」が出てくるのです。

例えば、明らかに中高生でしか流行っていないもので、先生が興味なさそうな分野のことであれば、その先生と話題にもならないのではないでしょうか。

だからこそ「先生知らないの」という言葉が刺さるわけです。

しかしここではっきり「先生知らないんだ。教えてくれる？」という言葉が出せればとてもよいと思います。先生は現時点では知らないけれども、皆が知っていることについて興味があるという姿勢を見せることができればよいのです。

もちろん、その後に自分でも調べてみて、次の時に「〇〇はこういう内容なんだね」等生徒に話してあげることで、生徒からの信頼も得ることができます。

また、自分の弱みを見せることも大事です。人間だれしも弱い部分があり、それをコンプレックスとしてもっていたり、恥ずかしくて隠したりしている人もいるでしょう。

隠したい場合は、もちろん隠してもかまいませんが、できる限り開示した方が生徒との心の距離は近くなります。

例えば、「先生出身はどこなの？」と聞かれた時に「東日本の方だよ」と答えるのか「埼玉県の〇〇市だよ」と答えるのかでは、受け取り方がずいぶん違うと思うのです。

前者の方では、先生は自分の出身について隠そうとしている。自分のことを話すのは嫌なのだろうか？　私たちと仲良くするつもりがないのかな、などのように思われてしまうでしょう。

もちろん、話したくないことは話さなくてもよいですが、あまり自分のことを多く語らないと不信感を抱かれる恐れもありますので注意が必要です。

自分を偽ることをしない

例えば、運動部顧問になった際に、「先生はずっとスポーツを経験してこなかったんだ」と生徒に伝えることで、生徒が教員に対して技術指導について過度な期待をすることはないでしょう。

つまり、最初に自分自身の偽りない姿を伝えておくことで、その教員と生徒の距離が明確になり、お互い部活動をやりやすくなるのです。

ここで、「前の学校でスポーツをやってたんだ」と生徒の手前、格好つけなければと自分を偽ってしまったとしたら、とても苦しくなります。

教員側はその嘘を正当化するためにトレーニングし始めたり、生徒側は、技術指導等の期待がよぎったりします。

もちろん、そのまま上手くできたらよいですが、後からその嘘が露呈した時に、信用されなくなってしまうでしょう。

嘘や偽りは必要ないのです。それよりも重要なのは、できないけれど生徒の傍にいたり、生徒をよく見ていたりするということです。

この例で言えば、逆にスポーツ経験のない先生が、一緒にトレーニングしてくれる、毎回部活動に顔を出してくれるとなれば、生徒からの信頼も上がるのではないでしょうか。

生徒だって事情はわかっています。いつもいつも専門の先生が顧問になるなんてことはないと理解しているのです。だからこそ、**今の自分で何ができるのかを考え、生徒とともに部活動運営をしていけばよい**のです。

まったく経験のなかった部活動の顧問になったら

私がはじめて顧問をもった部活動は、スキー部でした。

もちろん競技スキーなわけですが、そもそも私は一度も競技スキーはやったことがなく、ルールさえもわかりませんでした。

雪が降る地域でもないのに、どうしたらよいのか途方に暮れました。

とりあえず、**部員に年間スケジュールを聞き、自分が何をしなければならないのかを確認しました。** また日頃の練習については、筋力トレーニングが主だったので、生徒と一緒の筋トレをしていました。生徒は私が経験や知識がないことを知っていましたし、私も伝えていました。

ある日の大会会場で他校の先生から叱責を受けることがありました。それは私の経験や知識不足が原因だったのですが、それを見ていた生徒たちは「先生これは仕方がないことですよ。経験がないとわからない」と言ってくれたのです。普段接している生徒は、私の状況をよくわかっていました。生徒のその言葉にだいぶ救われました。

そういう生徒たちだったからかもしれません。その年何人か予選を突破して全国大会に出場することになりました。

顧問としては、生徒の活躍は大変嬉しかったのですが、全国の舞台で私が顧問で大丈夫なのかという気持ちにもなっていました。その時私は初任者であり、研修等もあったことから引率できるのかという問題でも頭を抱えていました。そこで、その話を聞いていた体育の先生が、「全国大会は俺が引率するよ」と言ってくれたのです。

その先生の専門は、柔道なのですが、スキーの技術もある先生でした。どうしようかと悩んでいたところだったので、先生の一言にだいぶ救われました。

このような体験を踏まえて私は、「生徒と本音で話し、自分のできることを精一杯やる」「顧問一人では対応できないことも多いが、助けてくれる先生がいる」ということを学びました。

生徒に対しても、同じ教員に対しても自己開示する大切さを学んだような気がします。


Point!

□自分のできることとできないことを意識しよう。
□自分のできないことは生徒にもしっかりと伝えよう。
□できないまでも、生徒とともに過ごす時間は大切にしよう。

2

教員主体ではなく、生徒主体の部活動にする

そもそも生徒たちは、「部活動は先生の指導があって進めるもの」と思っているかもしれません。一朝一夕には実現できませんが、少しずつ、丁寧に伝えていき、自走できる部活動にしていくことを目標にしたいですね。

生徒に対して誠実な対応をする

この項目のタイトルのように、「生徒主体」と言うのは簡単ですが、いったいどうしたら生徒主体の部活動になるのでしょうか。当然、一朝一夕には難しいと思います。

まず、この部活動が生徒のものであるということを、生徒全員納得し、理解しなければなりません。

そのためには何度もことあるごとに伝えていく必要があります。

その際に大事なことは、生徒に対して誠実な対応をすることでしょう。では、誠実に対応するということはいったいどういうことなのでしょうか。

例えば、生徒に対して「本日の部活動に欠席する部員は、必ず事前に連絡するように」というように伝えたとします。生徒は、その指示に従うでしょう。

逆に私が、出張や体調不良で休みになったとします。

それは事前にわかっていることであれば連絡をするべきですが、「当日副顧問の先生に伝えておけばいいか、連絡回すのめんどくさいし、部活動があることには変わりないのだから」のように考え連絡をしなかったとします。

すると生徒は「先生も部活動に対してこういうスタンスなのだから、私たちも当日友達に連絡してもらえばよい」となってくると思います。すると約束事が崩れていき、うまく統制がとれなくなりますし、生徒も先生に対して誠実ではなくなってくるでしょう。

「先生の場合と生徒の場合は異なる」という意見もあるでしょう。

確かに、先生と生徒では、状況やスタンスは異なるかもしれません。

しかし、生徒の解釈は恐らく一緒ではないでしょうか。

人と人の関係性の中で、立場を抜きに考えてくるはずです。

そうすると、生徒はこちらのことを不誠実な人だと認識することもあると思います。

生徒であっても、**甘えることなく、誠心誠意対応することが大切ですし、生徒もそんな先生の姿勢を求めているはず**です。

叱る前に問いかける

例えば、練習中にふざけあっている生徒がいるとします。そのふざけあっている生徒たちに対して問いかけるのは「そのふざけあっている時間は、この部活動に必要なことなのか考えよう」ということです。

叱ったり、怒ったりすることは簡単ですが、生徒たちが自らの行動を客観的にみて、今自分の行動が正しいのか、そうでないのか考えることが大切なのです。

特にふざけあったり、じゃれあったりする行為自体が駄目というわけではありません。皆が揃って部活動を行う時間に、ふざけあっていることの必要性を問うわけです。

問いかけとして「チームの目標やビジョンを達成するために必要なことですか」と問いかけてもよいかもしれません。

ただ、**ここで一度考えてみたいのは「生徒がふざける時間が存在してしまった」ということ**です。

もしかしたら、練習の待ち時間や、次の練習のメニューがわからない等、練習の仕組みがよくなくて、生徒がふざけるという状況をつくり出しているのかもしれません。

つまりは、ヒューマンエラーではなく、システムエラーの可能性もあるのです。

そう考えていくと、相手を叱るという行為より、部活動全体のシステム改善を考えていく方がより前向きな部活動になっていくのではないでしょうか。

生徒を叱る前に、目の前に起きている状況は何が原因で引き起こされているものなのかしっかり把握することも大切です。把握した後に、やっぱり、おかしいということになれば、先程紹介したように問いかけてみてあげるのがよいかもしれません。

ここでもう一つ重要なことがあります。

問いかける時、他の部員の前で行いますか、それとも当事者だけを呼んで話しますか。これは、生徒と教員の関係性と、その問題の軽重によっても変わってくるとは思いますが、重くなればなるほど当事者とだけ個室等で話す方がよいと思います。

その理由としては、他の部員の前で自分の行動を反省させられている状況を好む生徒はいないからです。これは、我々教員も同じで、他の教員がいる前で管理職から叱られることがあったら嫌ですよね。生徒も一緒なのです。

生徒だからよいというわけではなく、一人の人間として考えるべきなのです。考えるポイントは、「これが自分だったら」「相手が大人だったら」と一度考えてみることで、正しい判断ができることもあります。一度立ち止まってから対応しましょう。

メタ認知能力と自分事化

人は、思考の繰り返しによって、自分の行動を律することができ、他人の行動にも視野を広げ、最終的には「チームとしてどうあるべきだったか」と考えることができます。時間はかかると思いますが、自分たちの行動が、チームの目標やビジョンに対してどうだったか考えることは必要不可欠です。

しかしながら、まず自分の行動が相手にどう影響するか考えられている生徒は少ないと思います。メタ認知と言いますが、自分が認知していることを、客観的に認知できているかということです。

このメタ認知能力は、部活動の中でぜひ身につけさせたい能力の一つでもあります。では、どうすれば自分を客観視できるのでしょうか。

その一つの方策としては、動画撮影です。部活動の様子をスマホ等で撮影します。それを、自分自身で見ることによって、自分がどう見られているかがわかりますし、無意識で行っていることも理解できると思います。

毎回毎回撮影をしていけば、自分の特性にも気付くことができるのです。

しかしここで、一つ問題が出てきます。それは、撮影したものをどう共有するかです。

現在は、Google Classroom 等のアプリが使用できることから、部活動ページにアップして、各自で見られるようにしてもよいと思います。

もちろんアップしてよいかの許可は必要ですが、そうすることによって自身のスマホでも簡単に自分の状況を把握することができます。

もう一つ問題になるのが、それを個人で見るかどうかです。

Classroom に動画をアップし、そのままでおしまいというパターンも多くあります。やはり、それを見なければ意味がありません。

そのような時は、見てほしい場面を部活動中に生徒に伝えるのです。全体に言う場面と個人に言う場面を切り分けて話すとより効果的です。「先生は全体も見ているけど、ちゃんと私個人のことも見てくれている」と思うわけです。

個人に気が付いてほしいこと、学んでほしいことなどは、「あの練習の○○の時が□□だから確認してみて」等言葉がけしてあげるとよいと思います。

「動画の撮影を毎日顧問がするのは厳しい」という意見もあるでしょう。確かに、三脚を立て、ビデオを回し、編集して、Classroomにアップして…。これを毎日やるのは大変という先生もいるかもしれません。

ではそれも、生徒に輪番で任せてしまうのはどうでしょうか？

ＢＹＯＤ（Bring Your Own Device）という考え方もあるので、生徒の端末で、その作業を行うことで、自分事にもなり、一石二鳥ではないでしょうか。

撮影動画の活かし方

私も毎回撮影しようと思ったのは最近のことです。

ある時、生徒に対して「さっきのこのプレーは、判断が悪いよ。もっとこうした方がよい」のようにアドバイスしたところ、「先生、どのプレーのことですか」と聞かれ、はっと気が付かされたのです。

私は、コートの外で生徒たちを見ているから気が付いているのであって、生徒たちはコートの中でプレーしているから、自分がどういう状況でどんなプレーを選択しているのかわからない。緊張していたり、その競技の経験値がないのであればなおさらです。

そこで、私は毎日練習風景をビデオで撮影することにしました。

それを見ながら説明することで、生徒もよりよく私の言葉の意味がわかり、自分の行動も見直すことができるからです。

それから数か月経ち、代替わりの年に、新部長が「僕たちでビデオ担当してもよいですか」と聞いてきました。

この時に、すっかり生徒主体の部活動になってきたと感じました。

Point!

□生徒に対して叱ったり、怒ったりせず問いかけるようにしよう。
□自分がどういう行動をしているかを知り、生徒自身に考えさせよう。
□生徒自身が考えたら、チーム全体のことを考えるように促そう。

3

ＩＣＴ機器を積極的に活用する

先生方の中には「実はＩＣＴをあんまり活用したことがなくて…」「実は機械音痴で積極的になれない」等、感じている方もいるかもしれません。できることから少しずつでよいので、生徒と一緒にチャレンジしていきましょう。

デジタルネイティブの強さ

現在は、情報化社会と言われ、このことについて異論がある人は少ないと思います。情報が溢れ、今では情報過多とも呼ばれています。

そのため自身で情報の真偽を確かめたり、その選択を迫られたりする場面も増えてきたと感じています。

Z世代と呼ばれる生徒たちは、Instagram や TikTok を駆使し、情報収集はもちろんのこと、情報の共有や情報の発信まで容易に行います。生徒には、それが当たり前であり、効率的なのです。

しかしながら、ここでとても不思議なことが起きます。

Z世代は、パソコンのタイピングが早かったり、メールも自由自在に使えたりするのかというとそんなことはないのです。

これはとても面白いのですが、パソコンに触れるよりもスマホに触れることが圧倒的に多いZ世代は、タイピングよりもフリック入力の方が断然速いです。

また、「メールアドレスってどこを見ればわかりますか」なんて聞いてくる生徒もいます。生徒は生徒同士や親とのやりとりもＳＮＳで行っているため、メールを打つということが日常に入っていないのです。

なので、メールアドレスを入力する時に先程のような質問が飛んでくるわけです。

デジタル世代というと、デジタル関係なら何でも得意で、パソコンでもタブレットでもスマホでも自由自在に操れるというわけではなく、スマホを主としたＳＮＳの活用や最新のアプリの利用に長けていると言った方が適切なのかもしれません。

もちろん、パソコンやタブレットも使い方がわかれば、デジタルデバイスに対して先入観はないので、すんなり理解はしてくれるでしょう。

生徒たちのこのような特性を理解した上で、部活動運営を行うようにすれば、より効果的だと思います。

先に挙げたビデオ撮影をして、動画をアップするといったようなこともここに含まれます。

情報の真偽を問う

生徒たちは、スマートフォンを持つことが当たり前になり、様々な情報をすぐに手に入れることができるようになってきました。

それは、部活動に関わる情報においても例外ではありません。

「先生このメニューをやりましょう」

「先生このマシンを買ってください」

このような意見も出てくるのではないでしょうか。

そのような時には、実際の情報を見せてもらったり、よく話を聞く必要があります。

というのも、その情報は、例えばプロ選手が行っているメニューや使っているマシンだった場合、それを中高生にそのまま適用したとしても、効果があるかどうかわからないからです。また、逆にまだ体ができあがっていない状況でそれを行ってしまうと、体を壊してしまう可能性もあります。

自分たちの部活動に合ったものかどうか、顧問の先生も一緒に考える必要があります。

ICTのメリットは？

しかしながらICTの普及は大きなメリットもあります。

部員に連絡をする時、資料を配付する時、また動画コンテンツを見せる時、一つのプラットフォームに集約して伝達できたりします。学校によって使用しているアプリケーション等は様々ですが、このようにICTを使用して、生徒たちとのコミュニケーションや情報伝達が早くなったことは喜ばしいことだと思います。私たち教員側もICTの知識を増やし、より効果的な活用をしていく必要があるでしょう。

中には「ICTあんまり得意ではないんだよな」「活用方法が未だによくわからない」なんて人もいるかもしれません。それでも全く問題はありません。業務が楽になることだけICTを使用すればよいのです。例えば、生徒への連絡ツールとしてだけ使う、もしくは動画教材を見せたい時だけ使う等です。全部をICT化するわけではありませんし、その必要もないでしょう。必要なところから先にICT化していけばよいのです。

「先生、この業務をスマホでもっとこうしたらよくないですか？」と生徒の方から提案してくることがあります。その時は、ラッキーだと思ってください。第一に、生徒がチームについてしっかりと考えをもっているということだからです。チームのことや部活動に対して前向きに捉えている生徒でないと提案は出てきません。そういった生徒が出てきたというだけで、ラッキーなことです。

二つ目は、「ICTに長けている生徒がいる」ということです。デジタルネイティブである生徒たちが全員ICTに長けているわけではありません。しかし、このような提案をしてくる生徒は、その使い方も理解している生徒であることは間違いありません。そこで、教員側が「一緒にやっていこう」と言えることが大切です。生徒から何かを教わるのは恥ずかしいと思っている先生もいるかと思いますが、そうではなく一緒に学んでいく姿勢を見せることが大切なのです。先生に頼られて嫌な生徒はいません。

Point!

□生徒が調べた情報について、自分たちの部活動に合うかどうかよく確かめよう。
□ICTを効果的に使って、生徒たちとコミュニケーションを取ろう。
□先生がICTの知識を付け、より効果的で安全な活用方法を模索しよう。

4 目標設定は生徒と一緒にする

チームのための目標は、チームで考えるべきです。教員や一部の生徒だけで考えてしまうと一体感がなくなってしまいます。自分たちのチームは、どうありたいのかコンセンサスをとりながら考えていきたいところです。

目標は生徒と一緒に考える

生徒と教員という立場があると、目標設定を行う場合、教員の意見がどうしても強くなってしまうでしょう。そうすると、教員が決めた目標となってしまって、生徒は自分事にならず、モチベーションも上がりません。それを回避するためには、教員の意見もチームの一人の意見と同等であると生徒に示すことが大切です。

目標を決めるミーティングの際、最初にその旨を伝えておくとよいでしょう。そうすることで、一意見として扱われます。たくさんの意見の中で、部活動の目標としてどの目標が適切であるのか皆でしっかりと話し合うことができます。

教員はいつも生徒よりも経験値がある

特に1年間の目標は、部活動の根幹となる部分なので、しっかりと時間を取って考える必要があると思います。どうしてその目標が必要なのか、その目標を達成するために必要なことは何なのか具体的なところまで考える必要があります。

実際にどんなことを考える必要があるのでしょうか。実際の例を出して一緒に考えていきましょう。

■部活動における役職を決定する

- 部長（チーム全体をまとめる）
- 副部長（部長をサポートする）
- 会計（お金関係をまとめる）
- 書記（ミーティングの際に記録を取る）

■役職決定後に目標設定をする

- 1年間の目標（大会の成績に関わる目標・チームの特徴に関わる目標）
- 目標達成に必要なこと（知識的なこと・技術的なこと、精神的なこと等）
- 具体的な行動（ルールに関する研修を行う、該当する技術を練習する）
- いつどれくらいの期間で習得するか（1か月なのか3か月なのか半年なのか）

このような感じでしょうか。

実際に目標を立て、具体的な行動指針をつくり、期間を設定することでより目標達成に近づくと思います。しかしながら、その目標も生徒が皆納得し、同じ気持ちになっていないと効果は半減します。チームスポーツならなおさらのことです。目標がぶれない、または皆でモチベーションを下げない工夫、継続して目標に向かえる工夫を考えておくとよいかもしれません。

自分一人では達成できないことも、チームでやれば達成できることも多くあります。これは、教員にも言えることです。教員一人でなくチームで考えて行動することが目標設定及び目標達成には不可欠なことなのかもしれません。

目標を達成するために教員がやるべきこととは

目標を立て終わったら、教員は何をすればよいでしょうか。このまま終わりにしては、せっかくの目標も計画倒れしてしまうかもしれません。そうならないように、様々な工夫が必要です。

まずは、今日決まったことを、部活動で活用している連絡ツールにアップします。そうすることで、今日何が決まって、今後何をすればよいのか、欠席者も含めて全員で共有できるからです。そして、できれば毎回の練習で目標が目にできるように、大きな紙に書いて部室や体育館に貼りたいところです。

人間は誰しもそうだと思いますが、目標を立てたことで満足してしまい、目標の達成まで継続できないものです。だからこそ、毎回目標を確認し、迷ったら目標を立てたその日に戻れるようにアップしておく必要があるのです。

このことは、生徒にも話した方がよいと思います。「目標を立てるものの、達成まで継続することは難しい」ということは、生徒よりも人生経験が豊富な大人だからこそ、言葉に重みを加えることができるでしょう。

Point!

□教員の意見を絶対視せず、生徒と同様に扱うようにしよう。
□1年間の目標は、部活動の根幹をなすものなので時間を取るようにしよう。
□目標を達成するために、具体的に何をするかまで考えるようにしよう。

5

学校外の指導者と協力する

顧問だけで部活動を運営しなくてもよいです。餅は餅屋です。技術が教えられないのであれば、技術指導ができる人に頼みましょう。教員は教員にしかできない仕事もあるはずです。頼めるところはどこなのか考えていきましょう。

教員だけでは限界がある

自身の専門性を生かせる部活動をもっていない場合、技術的な指導はなかなか難しいでしょう。

その際は、思い切って学校外の指導者と協力することも大切なことです。

例えば、知り合いの学校の先生で、同じ部活動をもっている場合などは、合同練習や練習試合を行うことによって、顧問の先生同士、生徒同士で情報を共有することができ、メリットはとても大きくなると感じます。

そういった知り合いの先生がいない場合は、顧問会議の場で話してみたり、大会の最中に他校の先生に相談してみたりすることも大切です。

私にも、バドミントン部の顧問になった際、右も左もわからず、様々な先生に助けていただいた経験がありました。

その時も、他校の顧問の先生を紹介していただいたり、合同練習に混ぜてもらったりしながら選手の技術力を育ててもらいました。自身が専門家になるよりは、ずっとストレスが少なく時間もかかりません。
自分ができることとできないことがわかっていれば、できない部分を補う工夫をすればよいのです。

卒業生のネットワークを大切にする

どの生徒も引退し、卒業していきます。それはどの学校においても当たり前のことだと思いますが、卒業生とのやりとりはありますでしょうか。卒業してから母校を訪ねて来る際、多くは部活動の顧問を訪ねてくることが多いような気がします。そんな時は、昔話に花を咲かせて、練習に混じったりしてもらいます。

さて、この卒業生たちですが、意外と高校の部活動の延長で、大学や趣味で継続している生徒もいます。その生徒たちは、自身も体を動かしたかったり、後輩たちの様子が気になったりするものです。

その時に「練習を定期的に見てみないか」と声をかけたとしましょう。断られる可能性もありますが、喜んで練習に参加してくれる方もいます。自身が練習する場所がなかったり、コミュニティの一つとして母校を大切に想っているということでしょう。そういった存在は非常にありがたいです。

実際に本校でも部活動の際にOBが練習に付き合ってくれています。その理由としては、現役生だけでは人数が少なく、試合形式の練習は全くできないからです。そのことをよく知っているOBの方は、仕事帰りで疲れているにもかかわらず、体育館に顔を出してくれるのです。

卒業後にも意外と連絡を取り合っている

高校を卒業した後、教員と生徒は連絡を取り合うことはほとんどないですが、生徒同士は、しっかりと繋がっています。同級生同士の横のつながりはもちろん、縦のつながりもあったりします。現在本校で部活動指導をしてくれる方は、2・3年前の卒業生もいれば、15年前の卒業生もいます。SNSが普及した昨今では容易に連絡が取り合えるようになったということでしょう。

他にも前の勤務先で一緒だった顧問の先生の退職のお祝いをしようとなった際、ある時期の代の生徒が前後5年分くらいの連絡先を知っていてビックリしました。教員の知らないところで、生徒たちはしっかり連絡を取り合っているのだと認識しました。実際その時は十数年前の教え子も含めて、約100人ほど集まりました。卒業生ネットワークは本当に素晴らしいです。

そしてここがポイントなのですが、私とOBが同じ話をしても、なぜかOBからの話の方が響くという事実があります。同じ高校の出身だからなのか、苦楽をともにした先輩だからなのかはわかりません。しかし、それでよいと思っています。「OBも先生と同じことを話していました」と生徒が言ってくれて、納得してくれればそれでよいのです。

Point!

- □学校外の専門家の力を積極的に借りよう。
- □合同練習や練習試合は、顧問にとっても生徒にとってもメリットが大きい。
- □知り合いがいなければ、顧問会議や大会で相談してみよう。

6

教員自らが挑戦するところを見せる

生徒たちに声をかける際「チャレンジが大切」「あきらめるな」「失敗を怖がるな」等声をかけると思います。生徒たちは、心のどこかで「先生は今何にチャレンジしているのか」と思っています。

口だけ教員になっていないか

「あきらめたら駄目だ」「チャレンジして失敗してもいいから頑張れ」等、一度は目にしたり、声をかけることがあるのではないでしょうか。私ももちろんあります。

生徒の中には「言われなくてもわかっている」「わかってってもできない」なんて思っている生徒もいるでしょう。そしてその感情が先生の方に向くこともあるのです。「先生は現在何を頑張っているの？」と。

これは非常に難しい問題です。先生は何も部活動だけを教えているわけではありません。自身の教科の授業もありますし、校務分掌もあります。家庭に帰れば、育児や介護があったり、自分の時間なんて全くないという先生方もいらっしゃるのではないでしょうか。

昨今教員はブラックであるという印象が付き、教育学部の学生であっても教員にならない学生が多くなっているとの話も聞きます。確かに、教員は忙しいと私も思います。

すると、先程の生徒への回答をするとすれば「教員という仕事を全うしている」「家族を大切に守っている」ということになるのだと思います。

経験したことのないことはわからない

私はそれでよいと思うのです。忙しいのは本当のことです。しかし、それを本当に理解してくれるかというとそうではないのが難しいところです。

これは、生徒だからというわけではありません。自身が経験したことのないことは、想像でしか考えられず、それが大幅にずれていることが往々にしてあるからです。

私の例を挙げます。私は絶賛育児中ですが、育児を経験する前と後では、育児に対するイメージが全く異なります。自身が育児をする前は、大変なことは理解しているつもりでしたが本当の大変さはわかってはいなかったと思います。実際経験したことで、それがよりリアルになり、実感するようになったのです。

さて、話を生徒に戻します。つまり、生徒に仕事や育児の話をしても、本当の意味では理解してもらえないと思います。

では、いったいどうしたらよいのでしょうか。

生徒が理解できる土俵でチャレンジする

生徒が中学校・高校までで経験することを教員もチャレンジすると、生徒はより深く理解を示すようになります。勉強で言えば、「漢字検定」「TOEIC」等の資格試験にチャレンジすることです。すると、生徒自身も受けたことがあり、その難しさも理解していることから、「先生もチャレンジして頑張っている」と思ってもらいやすいでしょう。

ただ一方で、「先生は勉強ができて当たり前じゃん」といった意見もあると思います。勉強が得意だから労せず資格取得ができるという意見です。

その意見は聞き流してもよいですが、もしその部活動を長く顧問としてやっていたり、経験があるのであれば、その部活の技術であっと言わせることも一つの手ではないかと思うのです。

もちろん、そこまでしなくてもよいと思いますが、「先生自身もチャレンジして、頑張っている」という姿を見せることで、生徒たちがやる気になってくれることはあるでしょう。

　では、私は現在何に挑戦しているかご紹介します。

　現在私は、「社会教育士」資格取得のために勉強しております。漢字検定やTOEICの勉強もよいのですが、より生徒に還元できそうな資格を選択しました。部活動面では、現在バスケ部の顧問ということもあり、一番難しいであろう「ダンクシュート」の技術を得るためにトレーニングに励んでいます。もちろん、私一人では実現は不可能なので、コーチに指導してもらっています。そして、そのトレーニングの過程も生徒に公開していま す。このチャレンジは失敗する可能性もありますが、それはそれでよいのです。「先生もチャレンジしているんだ」ということが伝わることが第一です。

Point!

□先生も「失敗を恐れずチャレンジしている」姿を見せよう。
□生徒が理解できる土俵でチャレンジしよう。
□実際に成功しなくても生徒には伝わる。

第3章

部活動に参加する
生徒のニーズ

1

生徒は、学校の部活動に何を求めているのか認識する

多様な文化・生き方が認められる現代において、「全員が同じ目的で部活動に参加する」ことは難しくなっています。一人ひとりがどんな目的や動機で参加しているのか、まず把握できるようにしたいですね。

部活動以外にも楽しいことはたくさんある

一昔前は、朝早く起きて学校の朝練をして、そのまま学校で授業を受けて、放課後はまた部活動をして、帰宅後はお風呂に入って寝て、また次の日を迎える。このような流れで過ごしていたように思います。

もちろん当時の私もその一人です。

つまり、学校がもう一つの家であるかのように過ごし、高校生活の半分以上は、学校で過ごしていました。

さて、現在はどうでしょうか。

今は部活動の全員加入時代ではないですし、部活動以外にも様々なイベントに参加したり、家で動画を見たりと多様な価値観で過ごす人が多くなってきたように思います。

学校に長時間いることや、学校に行ったら必ず部活動をしなければならないという時代は終わりを迎えているのです。

では、現在部活動に参加している生徒は、どのような理由で部活動に参加しているのでしょうか。

一つは、純粋にその部活動で行っている内容が好きだからということが挙げられるでしょう。

小さな時からやっていたから継続したいと思っている生徒もいれば、新しく興味関心があることを始めたいという生徒もいます。

その際、学校はある程度やりたいことができる場が整っているといえます。そのため、部活動に参加するのです。

またこのような生徒もいます。特定の部活動が好きってわけではないけれど、運動が好きで体を動かすために所属しているという生徒です。

こういった生徒の場合は、勝ち負けにこだわったり、スターティングメンバーに入りたかったりとかそういう気持ちはあまりなく、単に運動ができて楽しくできればよいという感覚です。

最後に、競技の質を求める生徒です。

これに当たる生徒は、競技に対して向上心があり、将来もその競技の方向に進もうと思っている生徒です。

一緒に部活動をやる上で必要なこと

中学校・高校・大学と部活動はありますが、多様な生徒が多いのは中学校かもしれません。

生徒のニーズがバラバラだと、その部活動の方向性を定めるのは本当に難しいことです。とはいえ、統一したビジョンやルールがないと部活動として成り立たなくなります。ではどうするか。一つ考えられるのが、生徒のニーズごとにグループを分けてしまうことです。

①純粋にその部活動で行っている内容が好きというグループ
②とりあえず運動ができればよいというグループ
③その種目を職業選択の一つとして卒業後まで続けるグループ

その中で、大会やコンクールの出場を求めるグループとそうでないグループで分けてしまって、日々の練習をするのです。

同じ目標をもった方が、生徒の団結力が高まり、ストレスもなくよい方向に進むでしょう。

ここで問題になってくるのは、部活動の出欠についてです。

部活動に出席しないと卒業ができないなんてことはありません。なので、部活動の欠席については、その部活動の判断になります。

そのように考えると、試合や大会に出るグループ（ここでいうと③）に一番練習をさせてあげたいと考えることと思います。

例えばそのグループが週に5回練習するとしましょう。

その5回の中で、①のグループは3回出席、②のグループは2回出席することが可能な日を設けます。

各グループで曜日を分けて練習してしまうと、毎日部活動をすることになってしまい、顧問の教員が大変になってしまうので注意が必要です。

ここで、可能であれば③のグループの部員に、①や②の生徒の指導を一緒にしてもらうとよいです。

なぜならば、③のグループは練習回数が多いため、練習メニューへの理解が高く、経験もあるからです。

また、人に教えることで更に理解が深まり、一層自身の成長につながることでしょう。

すると不思議なことに、①や②のグループの生徒が、③のグループに引っ張られて、いつの間にか皆③のグループに染まって、一つのチームになる、という話はたくさん聞きます。

一つの例ではありますが、是非試してみてください。

この日だけは絶対に来てほしい

現在は、部活動第一ですという生徒も少なくなってきたように思います。

そう考えると、無理に毎日出席させるというのは、既に時代遅れなのかもしれません。

しかしながら、チームスポーツやチームでコンテストに参加するような部活動は、目標を達成するためには、毎回出席することを求めたい部分もあるでしょう。

その場合は、全体でコンセンサスをとり、

「この曜日だけは絶対集合する」

「部活動に参加しなくてもよいがこの部分はできるようになってほしい」

と各部活動に合わせた指導をすることも効果的な方法です。

どういう方法であっても、その部活動の全員が納得できる方向性を見いだす方がよいと思います。先程の項目でも書きましたが、グループごとに部活動の参加の回数を固定し、絶対に全員が揃う日を設けるといった具合です。

そこでは、全員に伝えたいことを必ず練習しますし、事務的な連絡もその日にします。また、部員たちも自分たちのチームの全体数を把握し、仲間意識も芽生えさせることができます。

参加・不参加の選択肢

私は、現在教えている生徒全員が部活動に参加する日を、月曜日に設定しました。その理由としては、体育館が全面取れる日で、人数が多くても練習の質を落とすことなくできるからです。

また、兼部をしている生徒がいたのですが、その生徒も、月曜日だったら参加できるということも一つの理由でした。

様々な思いがあって部活動に参加していると思うのですが、毎週月曜日に全員が揃うと、その技術の差が明確になります。すると、「俺ももう少し練習してみようかな」「部活の参加回数は増やせないけど、個人的にトレーニングしてみようかな」となります。

そんな気持ちが芽生え始めてくると、チーム全体が一つになっていくような感覚になります。

もちろん逆に「なんか技術の差が出てきたから、部活に参加するのが嫌になってきたな」「運動するだけなら何も部活動に入らなくてもよいか」と考える生徒もいますが、その判断も間違いではありません。

部活動は絶対にやらなくてはいけないものではありませんので、参加・不参加も生徒の自由にさせるべきなのです。

Point!

□生徒は部活動第一主義ではないことを理解しよう。
□様々な価値観をもっているからこそ、部活動では統一したビジョンやルールが必要。
□毎日練習に参加ではなく、この日だけは必ず来るように、への変化。

2

多種多様なニーズに対してのアプローチを考える

同じ部活動に所属していても、その生徒たちの熱量は一人ひとり異なります。誰かのニーズに沿えば、他の誰かのニーズに沿えなくなる状況も考えられます。できる限り皆が納得する部活動運営を心掛けたいですね。

約束事はないよりもあった方がよい

前項で述べましたが、多種多様なニーズにどのように対応したらよいか具体的に考えていきます。

毎日部活動をやりたいという生徒もいると思いますし、週に一回だけやりたいという生徒もいます。意見に優劣はありませんが、学校の中での活動ということであれば、顧問の先生の責任のもとで行わなければいけません。

すると生徒が毎日部活動をしたいと思っていても、顧問の先生の状況によっては叶わないこともあります。

その部分については、週に4回の指導が限度であることや、子どもを迎えに行く曜日など固定で決まっていたらそれを話すべきだと思います。

その中で生徒がどのように考え行動していくかがポイントになります。

生徒の中には、「毎日部活をやりたい。土曜日も日曜日もやってほしい」という生徒もいるかもしれません。

先生としては、生徒の前向きな姿勢に対応してあげたいと思うかもしれませんが、顧問の先生の都合や、健康上の問題もありますので無理は禁物です。

学校の授業に置き換えて考えてみてほしいのですが、生徒が勉強が好きだから朝や夜にも授業をやってほしいと言われたり、国語の授業が好きだから国語の時間を増やしてほしいと言われても、対応できないのと一緒です。

部活動はある程度顧問の先生の裁量があるため、無理ができてしまうというところも問題の一つかもしれません。

しかしここで無理をしてしまって体を壊してしまうと、生徒のためにやっていたはずが、顧問不在のため部活動ができなくなってしまって、生徒の活動を制限してしまうことにもなりかねません。

生徒のために頑張ることや、一生懸命やることは先生として素晴らしいことですが、先生自身のことも大切にしてあげてください。

たくさん活動したい生徒 VS そうでもない生徒

もし活動日で揉めたとしましょう。

例えば、週に４日練習したい生徒と、週に２日練習したい生徒です。週に４日間、顧問の方で指導できる時間があるのなら、それはそれで練習をし、２日間しか来たくない生徒がいるのであれば、その時点でどの曜日に来れるか聞いてしまうことで解決ができそうです。

そうすれば、その曜日に合わせてメニューを組み直したり、ビデオ等を見て各自で補ってもらったりすればよいのです。

前の項目でも「絶対に部活動に参加する日」というものを設けると話をしましたが、そこだけは、部活動全体で共有しましょう。

そして、可能であれば練習メニューやその日の部活動の様子をビデオに撮っておき、生徒たちが共有で見られる場所にアップロードしておくことをおススメします。

というのも、毎回部活動に参加している生徒はよいですが、そうでない生徒は、「この練習どうやるのかわからない」「どこに集合すればよいのか」「これはどこまで進んでいるの」なんて質問が飛び交うことでしょう。

それを、少しでも避けるためには、映像や文字で残しておいて、部活動の時間外に確認してもらうのです。そのことは、部活動をスタートする前に約束事として決めておくとよいでしょう。

また、部活動をスタートする前に確認しておいた方がよいのは、そのプレー時間です。例えば、練習中コートの使用制限がある部活動においては、人数が多くなればなるほど、一人ひとりの練習時間が少なくなります。

顧問の先生は、できるだけすべての部員に平等に練習時間を割り振りたいと思い、練習メニューを工夫しますが、それでも難しい場合もあります。

さらにいうと、難しいのは練習試合です。練習試合がある部活動では、当たり前の話ですが、スターティングメンバー（スタメン）が存在すると思います。つまり、チームの代表として最初に出場するメンバーのことです。

このメンバー以外にも出場する部員（ベンチメンバー）はいますが、スタメンよりは出場時間は短くなるでしょう。もちろんベンチメンバーになれなければ出場機会も得られません。

しかし、これは平等ではないといえるでしょうか。こういった部活動の顧問になった先生は非常に頭を悩ませることでしょう。

公式戦の出場の有無まで確認しておくとよい

先の項目では、頭を悩ませたかもしれません。いったいどうしたらよいのかと。ここでは、練習試合についてもう一度しっかり考え直してみましょう。練習試合というのは、そもそも何のために行うのかということです。

「練習試合」という名前から考えれば、「試合の練習」ということになるでしょうか。ではここでいう試合とは何を指すのかというと「公式戦」です。

このように考えていくと、練習試合を行う意味というのは「公式戦に参加する生徒が練習するためのもの」と言い換えることができそうです。すると、部員には、先に公式戦に参加する意思があるかないかを確認した方がよいことがわかります。

最初から公式戦には参加しないと生徒自身が決めているのであれば、練習試合に参加したり、出場したりすることは必要ないのかもしれません。

そのことについて、しっかりとチームでコンセンサスをとることが重要です。

では逆に、公式戦に出ると決めた部員たちはどうでしょうか。

当たり前ですが、同じ練習をしていても、だんだん技術や体格の差がひらいてくるかもしれません。これは、致し方ないことです。

顧問の先生は、その部員たちが全員頑張っていることを知っています。

しかし、競技のルールとして公式戦に出場させることができない。この部分が、顧問の先生を悩ませる最大の要因なのです。

生徒たちには、部活動に所属して頑張っていたとしても、大会には出場できないこともある旨も伝えるとよいと思います。

厳しいようですが、メンバー登録できる人数は各種目によって決まっています。毎日部活動に参加している人でさえ、メンバーになれないこともあるので、そういった面では平等といえるかもしれません。

顧問の「説明責任」

高校のバスケ部の顧問をしていた頃に、近隣の中学校と合同練習をしたことがあります。

そして、最後に練習試合をしたのですが、それが終わった後のことです。

中学校の顧問の先生が、「どうしてウチの子を出さないいんですか」と試合を観に来ていた保護者に言い寄られていました。

顧問の先生は、様々にその理由を説明していましたが、保護者は納得しません。

顧問の先生も部員を贔屓しているわけではなく、チームとして最善のメンバー構成を考えています。

確かに、出られなかった選手の方が何かの技術で上回っていることはあるでしょう。しかし、チームの方針やメンバーのバランスを考えて行った際に漏れてしまったというだけなのです。もう一度言います。顧問の先生は、一生懸命チームの最善策を考えていることと思います。その思いを、できれば事前に、保護者の方に直接説明する機会がつくれたらよいですね。

Point!

□生徒の部活動参加は義務ではないが、チームの約束事はあったほうがよい。
□その部活動が好きであることは変わりないが、温度差があることを理解しよう。
□生徒たちが疑問に思ったことは全体に共有して、コンセンサスをとろう。

3

多様性を認め、部活動出席至上主義にならないようにする

部活動には毎回出席してほしいという気持ちがあるのは、顧問として当たり前のことです。しかし、生徒は生徒なりの考えがあって欠席することもあるでしょう。欠席した事実を受け止めながら生徒の話を聞きましょう。

部活動が最優先事項でなくてもよい

「どうしても行きたいライブがある。行ってもよいですか」

こういった話も今では珍しくないように思います。

部活動があるから家族旅行に行けなかったり、他の興味があることに参加できなくなったりするのは、おかしいという時代の流れです。

これは部活動が絶対ではないことをあらわしています。

例えば、私が高校の時には、部活動がほぼ毎日ありました。ですので、日程が合わず家族旅行に行くことも難しかったですし、イベントに参加した記憶なんて皆無です。

しかし、だからといって現在の生徒たちにそれを押し付けるのはちょっとおかしいと感じています。

そもそも、当時は部活動に入るのが当たり前であり、入らない生徒の方が珍しかったように思います。

現在は、だいぶ変化しているとはいえ、まだ学校の方針として部活動全員加入の学校は残っているかもしれません。

確かに、部活動に入るメリットはたくさんあると思います。ある程度部活動を行う上での環境が準備されていることや顧問の先生がついているという安全性、学校外で行うよりも安価であるということ、挙げればきりがありません。

しかし、だからといって、それを強要することは間違っています。

昔と違って、今は情報をたくさん受け取ることができ、生徒が興味をもつコンテンツも増え、選びたい放題になっています。

何か一つの物事に集中して継続することは確かに尊く素晴らしいことかもしれません。しかし、他にやりたいことがあるのであれば並行してやっても、やっていた活動を辞めてそちらに移行しても何もおかしいことではないのです。

「自分の心に従ってやりたいことをやる」

今のZ世代の生徒たちに合わせた部活動運営が望ましいですね。

部活動としての一体感

一方で、部活動でまとまって活動しているので、一定の約束事は設けたいところではあります。

例えば、公式大会で部員が全員参加するものについては全員参加することを約束し、また普段の練習日についても、この曜日だけは絶対に皆が集まるという日をつくるとよいという話をしてきました。

部活動が最優先ではない生徒たちを相手にしているので、そういった約束事は必要でしょう。

そうなってくると、公式戦では観客席にいるという場面も出てきます。

その生徒たちは確かに「公式大会では部活動に参加するという約束事を守った」と思ってそこにいます。

しかしながら、観客席でゲームをしていたり、漫画を読んでいたりしたらどうでしょうか。それは部活動に参加しているといえるでしょうか。

所属はしているが他人事になっている

部活動に所属はしているものの、どこか他人事になっている生徒がいませんか。部活動の練習はやるけど、進んで何かをやるわけでもない。だからといって、言われたことをやらないわけでもない。

このような場合、「なんで自分事にできないんだ」「何のために所属しているんだ」と言いたくなることもあるでしょう。前項で紹介した観客席でゲームをしている生徒に対してなんて特にです。

ですが、私たち大人にも思い当たる節がありませんか。特段所属したくないけど、相手との関係性の中で所属しているコミュニティが。

きっと生徒たちもそうなのです。部活動に所属することで何かしら自分にメリットがあるので所属しているのです。

大人であれば、そこでの振る舞い方も上手にできるでしょうが、中高生にはそれが難しいことを理解してあげるべきではないでしょうか。

ここでは叱るというよりかは、生徒自身の態度が仲間からまたは、周りからどのように映るのかを教えてあげるくらいの気持ちでよいのだと思います。自分自身の行動が、仲間やチーム全体のマイナスにつながっていると気が付けば、本人も理解し自分事まではいかないかもしれませんが、チーム全体のことを考えるきっかけになるかもしれません。

このように、大人になればわかるようなことが、中高生はなかなか気が付かないかもしれません。いや、もしかすると、このような経験を中高生の時に教えてもらうから、それが経験となり、大人になってその振る舞いができるようになっているのかもしれません。

そのように考えていくと、ここでの指導は非常に重要になってきますね。私たち教員の立ち居振る舞いや言動も、生徒たちは見ています。改めて自分自身の姿勢を正す必要がありそうですね。

Point!

□部活動がすべての活動の中で優位に立っているわけではない。
□どうしても外してはならないこと（公式戦等）は、しっかり伝えよう。
□チームとしての振る舞い方を生徒に教えよう。

4

経済的事情を鑑みて部活動の運営をする

生徒の経済的事情はわからないことが多いと思います。しかしながら、部活動を行うにもお金が必要な場面が必ずあります。生徒の事情を鑑みながら、部活動運営をする必要がありますね。

経済的な状況は生徒それぞれ

部活動を行う上で、どの自治体、どの学校においても避けて通れないのが、お金の問題です。

学校によって部活動に使用できるお金の出どころであったり、その金額だったりは、まちまちだと思います。そして、その決められた予算の中で活動をしていかなければなりません。

さらにそのお金は、部活動全体に関わる活動の際に使われるもの（スポーツドリンクの粉、冷却スプレーなど）であり、個人が使用するものに関して支払われるものではありません。

つまり、生徒が部活動をするのに必要なシューズ、運動着、練習試合の交通費、遠征合宿の宿泊代などには当てられません。

すると、経済的に厳しい生徒及び保護者の方は難色を示すと思います。

しかしながら、何度も言いますが、部活動の参加は任意です。

実際どのくらいお金がかかるのかを伝えておく

私の経験から、かかるであろう費用を例に出して考えてみます。

・練習着夏用・冬用
・遠征着夏用・冬用
・バスケットシューズ
・リュックサック
・練習試合にかかる費用（交通費・飲食代）
・遠征にかかる費用（交通費・飲食代・宿泊代）
・部活動費用（部活動に必要なものを購入する時に使用）

消耗品もあるので、一度買えば一切お金はかからないというわけではありません。その都度お金がかかるものもあります。事前にどのくらいのお金が年間でかかるかというのは、生徒及び保護者にもしっかり伝えておくべきでしょう。

合宿や遠征は部活動にどのような効果があるのか

このように考えると、もう一度合宿や遠征の数やその効果を見直してみる必要があるのではないでしょうか。

本当にその合宿は必要なのか、またその遠征の練習試合は重要なのか、ということです。

私が高校の時のことを思い出すと、それが一般的だったこともあり、不思議とは思いませんでした。長期休業に入れば、合宿や練習試合のオンパレードでした。

私は楽しかった思い出が強いのでよいですが、そうではないという部員もいたと思います。

というのは、例えば、遠い地まで来て、試合で活躍できる生徒はまだよいと思いますが、控えの選手になっている生徒や、そもそもベンチに入っていないという選手にとっては、苦痛を感じるかもしれません。

練習試合が多くなれば、スタメンのプレー時間がどうしても多くなりますし、練習する時間も減ります。

つまりは、遠くまで交通費をかけて行ったのに、普段よりも練習ができなかったという部員も存在するということです。

そのように考えていくと、遠征や合宿については、回数やその有益性を考えながら取り組む必要がありそうです。

生徒が非難を浴びない工夫を

とはいえ、では、何の手立てもなしに決断ができるかというと、そうではありません。突然、「全員行かないのなら合宿はしない」とか、「練習試合の回数を減らします」などのように決めてしまった場合、どのようなことが考えられるでしょうか。

例えば、経済的なことが理由で参加が難しくなってしまった生徒や、どうしても外せない用事がある生徒が矢面に立たされ、非難を浴びることにつながってしまう可能性があります。

そうならないように、先生の方で上手に運営していかないといけません。

ではどのような工夫が考えられるでしょう。

まずは、合宿の回数の問題です。回数が増えれば費用はその分多くなります。回数を減らしても、生徒全員が満足するような内容になるのであればそれを目指したいものです。

例えば、よく試合に出場するグループをA、そうでないグループをBに分けたとします。その場合、合宿では、AもBも同じように試合に出してあげたいところです。合宿内容に意見が言えるならば、A戦・B戦のようにカテゴリーをつくって分けてみるというのは、一つ提案できます。または、3泊4日であれば、2泊3日でA戦、次の2泊3日でB戦とするのも効果的かもしれません。間の1日は一緒に過ごすことでチームの連帯感も生まれます。逆の考え方もあります。既出ですが、大会に出ないから合宿にも参加しないという生徒もいます。その場合は無理に参加させず、あくまでも任意参加ということにすれば、問題はないかもしれません。いずれにせよ、生徒の状況を慮ることが大切です。

Point!

- □各生徒には、それぞれ経済的事情があると理解しておこう。
- □本当にその遠征や合宿は必要かどうか、生徒も含めて議論しよう。
- □個別に生徒と話をして、全体の前で矢面に立たせないようにしよう。

5

純粋に教育の一環としての部活動運営を目指す

勝利や成果を求めずに教育の一環として、部活動を運営してみることも大事なことです。しかし、それを突き詰めていくと勝利や成果を求めたくなるということにもつながるように感じています。

勝利至上主義からの脱却

見出しの件について、今まで本気で考えてこなかったわけではないと思いますが、部員数に不足なく、例年それで部活動が上手く回っているのならそれでもよいかと、なあなあになっていることはありませんでしょうか。

私も過去にはそうであったような気がしています。

今現在は、バスケットボール部の顧問をしているのですが、これまで勤務校三校合わせて10年以上は教えています。

なので、なんとなく練習メニューや進め方みたいなものはわかっていたつもりでした。

しかしながら、現在の勤務校は高校の定時制であり、もともとの分母が少ないこともあって、部員が5人しかおらず、誰か一人でも欠けたら、試合どころではありません。

しかも、仕事をしている部員もいることから、練習時間は限られています。

すると、曜日によっては二人で練習なんて日もあります。

私は顧問として何を教えればよいのか必死に考えました。

部活動で育成できる力はたくさんあると思います。

・時間を守る。
・挨拶がしっかりできるようになる。
・基礎体力を身につけることができる。
・協調性を養うことができる。
・報告・連絡・相談の基礎を学ぶことができる。
・段取り力・ファシリテーション力を学ぶことができる。
・コミュニケーション力を上げることができる。

ほんの少し考えるだけでこれだけのことが挙げられ、他にもまだまだたくさんあることでしょう。

生徒がこのあたりの能力を伸ばしたくて部活動に入っているということはないように思いますが、部活動を通してこれらのような能力を身につけたいという目標は、情報として共有しておいてもよいと思います。

プロ選手を育てているわけではない

私自身いつも生徒に言う言葉があります。

それは、「私はプロ選手を育てるような力はないが、この部活動を通じてよりよく成長してほしいと思っている」ということです。

これは、本音です。

私自身は、現役の時にすごい名前が通った選手でもなかったですし、ましてやプロでもなければ、保健体育の教員でもありません。

そんな私ができることは限られています。

そこで私は、自身の部活動経験で養ったことや経験したことを積極的に選手に話すことで、生徒の中に気づきが生まれればよいと思っています。

とはいえ、技術を全く教えないわけではありません。

自分が大した力がないことを知っているからこそ、未だに自分の指導は合っているのか、もっとよいトレーニング方法はないのかと模索を続けています。

体育会系が就職で評価されるのはなぜ？

体育会系の学生が就職では有利、という話をよく聞くと思います。

その理由は、様々ではありますが、部活動で養われた力が社会でも通用するということではないでしょうか。

その力とは、先に挙げた「挨拶」や「ホウレンソウ（報告連絡相談）」のようなところだと私は思います。

その他に考えるとするなら、体育会系に絞るのであれば、体力や元気のよさが挙げられるでしょうか。

一緒に仕事をする仲間が元気がなかったり、体力に不安があるようだと、雇う側もなかなか採用することは難しいでしょう。

部活動を通して何か自分の糧になるものや確固たる軸のようなものができれば、非常によいのではないかと思っております。

突き詰めていくと評価がほしくなる

教育の一環として、勝利や成果を求めずに部活動運営をしていったとします。すると自分たちができるようになったということを誰かに認めてほしいという承認欲求が芽生えてきます。特にZ世代の生徒たちは、自撮りをSNSにアップしたりすることに抵抗がなく、「いいね！」を欲しがる傾向が強いとされています。仲間内から評価されたら、今度は外部からも評価されたいと思い始めます。すると自然と勝利や成果がほしくなるものです。

私は、それは人間の当然な心の動きだと考えています。ルールの中で、生徒たちとともに勝利や成果に向かって努力することそれ自体は悪いことではないと思っています。

Point!

- □教育の一環としての部活動の在り方を本気で考えてみよう。
- □大会に出る、相手に勝つ以外の価値観の共有を図ろう。
- □部活動で養える社会的に意義のある力の育成とは何か共有しよう。

6 生徒が直面する問題や障壁

同じ部活動でも顧問が異なれば、練習方法も変わります。また中学校と高校では、体格も変化し大きなギャップを感じることでしょう。教員はそのことを頭に入れつつ生徒を見守ってあげましょう。

部活動は入部してみないとわからない

部活動に参加した生徒が直面する問題の一つに、先輩後輩問題があります。良好な関係を築けるような部活動であれば問題ないのですが、しばしば問題が起こることもあります。

例えば、部活動後の片づけについてです。

先輩が後輩に対して片づけを命じて、自分は何もしない。

それに対して後輩は、同じ時間練習したのに自分たちにだけ片づけをさせるのはおかしいとなります。

すると先輩は、「俺が1年生だった時はそうだった」・・・。はい。そうなのです。この構図についてどこかで一度話してありますよね。

そうです。教員が自身の中学・高校の時の部活動の話を持ち出して「俺が中学（高校）で部活動をやっていた時はな」と話し始めるのと一緒なのです。

もちろん、それがよい方向に働くこともあるとは思いますが、悪い方向に進むこともあります。それが当たり前かのように話すのは非常に危険です。

ここで一度立ち止まることが必要なのかもしれません。

「自分が一年生の時にはこうだったけど、本当にそれでよいのか」

「その時の自分は、納得してその片づけをしていたのか」

「自分が高校時代にしていたことが、今でも効果があるのか」

自分が常識だと思っていたことを一度疑ってみることがここでも必要になるのです。

中学校と高校のギャップ

中学校から部活動に入り、同じ部活動に入る生徒は多いように感じています。

それは、自分がある程度できる意識があり、その活動も楽しいと思えるからでしょう。

しかし、高校に入ると、練習時間が増えたり、他の中学校だった生徒もいたりします。関係性も一からつくらなければなりませんし、技術も自分よりも上ということもあるでしょう。

するとどうでしょうか。高校でも活躍できると思っていたのに、入ってみたらベンチに入ることもできない。

焦りと不安が入り混じった気持ちを味わうこともあるでしょう。

そのような生徒に顧問としてはどのように対応すればよいでしょうか。

一番大切なのは、自分一人ではないということを伝えることです。

気持ちがふさぎ込んでしまっている生徒は、視野を広くもつことができません。

「自分はもう駄目だ」「早くこの環境から脱したい」と思っていることでしょう。

その時に、周りの部員に相談できればよいのですが、上手く自己開示することはそう簡単なことではありません。

生徒一人ひとりを見る重要性

すると、どんどんどんどん落ち込んでいってしまいます。

そこで顧問の出番です。

部員の何気ない表情や活動への取り組み状況を見て声をかけてあげるのです。

特に難しい声かけはいりません。

「何かあった?」

この言葉だけで生徒は救われます。

つまり、自分のことを普段から見ていて、普段と異なる状況だったから声をかけてくれているとわかるからです。

自分のことをしっかり見ていてくれる人がいるという安心感が生まれるわけです。後は、しっかり話を聞いてあげることが大切です。

生徒たち自身の悩みを打ち明けられるまで

私自身もそういった経験があります。

体格には恵まれていたのですが、技術を教えてもらえる環境がなかったことから、中学校の時は本当に苦労しました。

「身長が大きいだけで上手くはない」そう周りから思われているのではないかと常に思っていました。

小学校の時に私は、三浦知良選手に憧れ、サッカーばかりやっていました。

当然、中学・高校とサッカー部に入ろうと思っていましたが、進学した中学校にはサッカー部はありませんでした。

私はがっかりしましたが、身長が高かったことからバスケ部に誘われ、そのまま入部したものの、小学校からバスケをやってきている仲間とは経験値の差が大きくありました。

その時の不安感は今でも覚えています。

その時、顧問の先生に声をかけてもらったことがきっかけで今もバスケを続けられています。

同じようなことが、私が教員になってからもありました。

「もうバスケ部を辞めたい。レギュラーになれることはないし、大学進学についても考えなければならない」という相談でした。

部活動中の表情を見ていると悩んでいることはすぐわかりましたので、すぐに相談にのりました。

結局その部員は一度もレギュラーになることはありませんでしたが、３年間バスケ部に所属し卒業していきました。

本人からもあそこで先生に相談してよかったと言われ、保護者の方からも改めて感謝を言われました。

あの時もし相談できていなければ、バスケ部はもちろんのこと学校も通えなくなっていたかもしれないとのことでした。

部活動のことで学校まで辞めることも考える生徒がいることも私たちは考えなければならないのかもしれません。

そして、そうならないように、常に一人ひとりの表情や言動を観察し、事前に見取ることが必要になるのです。


Point!

- □部活動に入部してはじめて気が付くこともあることを意識しよう。
- □中学校の部活動と高校の部活動とのギャップに悩んでいることを理解しよう。
- □生徒が出しているサインを見逃さないようにしよう。

第4章

顧問も生徒もチームの一員

1

チームの一員として同じ目線で考え発言する

教員も昔は、中学生であり高校生でした。しかしながら大人になるにつれて当時のことを忘れ、現在の自分の目線でものを語ってしまいがちです。生徒と同じ目線で考えたらどうだろうと一度立ち止まってみましょう。

教員はいつも生徒よりも経験値がある

「生徒と同じ目線になって考えられる先生がよい」と聞いたことはないでしょうか。

これは、別に部活動のことだけを指した言葉ではありません。

授業はもちろんのこと、話し合いの場でもそれが求められます。

これは具体的に何を指すのでしょうか。

教員は、一般的に生徒よりも経験値が高いです。それは、年齢の差があるからです。

そしてこれは、どんどん差が広がっていきます。教員は年をとりますが、生徒はいつも入れ替わるためです。

そうなると、どんどん経験値の差が開いていきます。

そうなってくると「なんでこんなこともわからないんだ」「普通に考えればわかるだろ」のような言葉が出てきてしまいます。

しかし、これでは生徒と同じ目線に立てていません。目の前にいる生徒は、かつての自分と同じなのです。当時中学生・高校生だった自分と変わらないのです。

その頃を思い返してみると、どうでしょうか。

私たちにも、経験値はまったくなかったはずです。

しかし、そのことをすっかり忘れてしまうと、先程のような発言が出てきてしまうと思うのです。

ここで必要なのは、**「この年代の生徒だったらこの部分を知らなくてもしょうがない」「自分もそうだったし、卒業生もこの時期はこうだったな」等と考えること**です。

それができれば、生徒たちとの接し方も変わるでしょう。

生徒は毎年変わっていきます。年が変わるごとに同じ話をすることがあるかもしれません。ある程度はそれもしょうがないと考えることが必要です。

教員の意見と生徒の意見を同列に扱う

先生が言っているのだから、こちらの方がよいのではないか。

こう考える生徒は多いと思います。先生の方が経験値もあるし、大人だし言っていることが正しいと感じるものです。

しかし、先生も一人の人間です。

間違えることだってありますし、経験していないこともあります。

もしかしたら、生徒と話し合っていく中で、よりよいものを生み出すことができるかもしれません。

そのためにはまず、教員自身がそう思っていなければなりません。

自分の発言が部活動の運営等に大きく影響してしまうと思えば、発言を控えるし、また「先生の意見も生徒一人の意見だと思ってほしい」と伝えた上で発言することも効果的です。

生徒を比較する時には細心の注意を！

部員に何かを伝える時には、先輩たちのことや、卒業生のことを引き合いに出して話をすることもあると思います。

どういう結果を残していたか、どう評価されていたか等も一緒に話すことになるでしょう。

しかし、ここで気を付けてほしいことは、その生徒たちと目の前にいる生徒たちは違う時代を生き、価値観も変わってきているという点です。

もしかしたら、過去の先輩たちと比較されることで嫌な思いをする生徒もいるかもしれません。

そもそも、現在の部活動の在り方とずれている場合もあります。過去の事例を話す場合は、その根拠を明確にし、事実としてフラットに伝えることを心がけましょう。

そうしないと思わぬ落とし穴があるかもしれません。


Point!

- □顧問もそのチームの一員として同じ目線で考えよう。
- □顧問の発言が生徒の発言よりも力をもたないことを共有しよう。
- □過去の事例や根拠をできるだけフラットに情報提供しよう。

2

上からではなく、横で伴走する

高圧的な態度は、大人でも嫌なものです。同じチームの一員として教員がやるべきことはなんでしょうか。恐らく生徒が3年間部活動をやり通せるように、横で伴走してあげることではないでしょうか。

生徒は「敵」ではなく「仲間」である

上から物を言う人というのは、一定数存在すると思います。

大人の世界でもそれを実感している人も多いことでしょう。

その行動に対して、皆さんはどう感じますか？

恐らく多くの人は嫌な思いをするのではないでしょうか。

私もそのような方とお話しするのは、非常に苦痛です。

大人ですらそのように思うのであれば、生徒ならなおさらだといえます。

しかし、先生の方が経験値が高いので、どうしても上から物を言ってしまうということもあるでしょう。いや、もしかしたら、そういうふうには思っていないけど、無意識に上から物を言っている人もいるかもしれません。

相手の感じ方にもよりますが、それはできれば避けたいところです。

このような行動のことを最近では「マウントを取る」という言葉で表現するようです。

世間ではマウントを取ったり、論破したりすることがブームになっている感じもありますが、チームや組織ではあまりふさわしくありません。

なぜならば、明日も明後日も長く付き合っていく仲間だからです。

その相手を不快にさせたところで、チームとしてメリットはありません。

先生と生徒という立場が、そのような関係性を生み出しやすいとしたら、より一層気を付けることが必要です。

忍耐強く待つことも大切

「生徒に任せておくのが大事なのはわかるが、時間がいくらあっても足りない」という意見は、よく耳にします。

ミーティングや普段の活動においても、教員主導の方がスムーズだということです。

それは当たり前で、教員はその類の能力に長けており、経験値も豊富なので、生徒よりはスムーズに行えるでしょう。

だからといって、その役割を教員が毎回担ってしまったらどうでしょうか。

生徒はその役割を経験することなく卒業してしまいます。

部活動で養えるファシリテーション力や、段取り力といったものの成長を止めてしまうのではないでしょうか。

最初は、自分がやった方が早く、もどかしい気持ちもあるかもしれませんが、ここはぐっとこらえて生徒の成長を待ってみましょう。

「普通」とは何か

生徒と教員の経験値は大きく異なります。

これは部活動の経験値だけではなく、人生の経験値もそうです。

なぜならば先生は生徒よりもいつも年上になるからです。

生徒は毎年入学と卒業を繰り返し、次の世代が学校に在籍するのに対し、自分自身は、着実に1年、また1年と歳を重ねていく。これは紛れもない事実です。

このことを、しっかり自覚することが必要です。

「なんでこんなこともわからないんだ」というのは、経験値の差が大きいために感じるのだと思います。

また、育ってきた環境や学んできたことが異なる生徒たちを相手にする際、「普通わかるだろう」という言葉は禁句です。

「普通」というのは、誰にとって「普通」なのか、本当に「普通」という言葉が正しいのか考える必要があります。

自身の「普通」が相手の「普通」と異なる場合は多く、どちらが正しいということはありません。

それは、先生と生徒という立場であっても同じです。

この「普通」をもっと深堀りして、チーム内で共有することで、「その部活動内においての普通」が生まれると思います。そのような状態を目指していくことが今の時代の部活動においては重要だと考えます。

Point!

□生徒の行動に対してマウントを取ることはしない。
□常に「一緒に考える」ことを意識し、横や後ろからサポートしてあげよう。
□生徒と教員は、経験値が異なることを理解しておこう。

3

初志貫徹ではなく、臨機応変を意識する

ＶＵＣＡの時代と言われている中、生徒とともに過ごしている間にも、着実に世の中は変化していきます。その変化に対応するためには、私たちも変わり続ける必要があるのです。

必ずしも「初志貫徹」が正しいわけではない

年度はじめや、代が交代した際など、チームの目標やルール等を決めると思います。例えば、全国大会出場という目標を掲げ、具体的にどのような練習をするのかを話し合ったり、チームのルールとして欠席連絡の方法や、部活動の準備や片付けの役割を決めたりするでしょう。

どの部活動においてもそのタイミングは、そんなに異なってはいないと思います。しかしながら、そこで決めた目標やルールは、年間通して最後まで意識し実行されているでしょうか？

恐らく何か事情があって変更している部活動が多いと思います。すると「せっかく皆で決めたのに、変更するなんて…」という気持ちが出てくる生徒もいるでしょう。

でも、実はそれでよいのです。

何か部活動内で問題が出てきて、それを解消するためにルール変更するというのは悪いことではありません。

最近では、製品をリリースしてから、アップデートを繰り返してよりよいものにしていくメーカーも増えてきたように思います。

一度それで試してみて、不具合が起きれば、それを変更していくのは当たり前のことなのです。

「初志貫徹」という言葉があり、もちろんそれは素晴らしいことだと思います。

しかしながら、何か問題が起こっているとわかっていながら、初志貫徹のみを重視してしまうと、間違った方向にどんどん進んで行ってしまいます。

「初志貫徹」よりも「臨機応変」でいきましょう。

自分の力ではどうにもならないことがある

実は例に出した「初志貫徹」という言葉は、私自身が座右の銘として長年意識していた言葉です。

やはり最初に掲げた目標や夢は最後まであきらめずに行いたいという強い気持ちがあっ

たからだと思います。

振り返ってみると、部活動に限らず自分自身の人生において、初志貫徹したものが多かったような気がします。

しかしながら、初志貫徹できなかったものもあります。それは、自分の力ではどうしようもない力が働いた時です。

例えば、小学生の時の私の夢はサッカー選手になるというものでした。そのまま地元の中学校に進み、サッカー部で頑張ろうと思ったら、その中学校にはサッカー部がないとのこと。それなら、サッカー部をつくればよいのではないかと考え校長先生に直談判するも、「サッカーは11人必要ですよね？　また新しい部活動をつくるということになると顧問の先生も必要です。すると今ある部活動を潰さなくてはいけません。それについてどう考えますか」と言われてしまいました。

これは、なかなか難しい選択です。サッカーのために中学校を変えるとすれば、家族ごと引っ越しを余儀なくされるし、クラブチームに入るとすれば、隣町まで行かなくてはなりません。

こうなると「初志貫徹」が揺らいできますが、これはどうにもならないこととして、受け入れるしかありません。

「運命が新たな道を示している」という風に考えることも必要かもしれません。私は、ここからサッカーの道からバスケットの道へ入ったのです。

この世の中に絶対と言えるものは少ない

体験や経験値が多くなると、「これが正しい」というものが生まれてくると思います。

今までの経験から「成功したこと」「失敗したこと」その数が多ければ多いほど、自分自身の中で精度が高まり、「これは絶対に成功する」「これは絶対に失敗する」という考えができあがります。

もちろんそれは誰にでも起こりうることですし、駄目なことではありません。その経験があるからこそ、私たち人類は長い歴史を紡ぐことができたのですから。

しかしながら、時代は目まぐるしく変化しています。

その変化の中で、「絶対（100%）」と言い切れることはあるでしょうか。

昔は、そのやり方や考え方が称賛され、成功する可能性が高かったかもしれません。

しかし、今の時代に同じやり方が通用するかどうかは常に意識するべきでしょう。

特にZ世代と言われる生徒は、デジタルネイティブとも言われ、生まれた時からタブレットやスマートフォンに慣れ親しんできました。

そのような生徒たちが、新しい方法や考え方をもったとしても何も不思議なことではなく、そのやり方の方が上手くいくなんていうことも少なくないと思うのです。

ここで必要になってくるのは、私たちが過去に上手くいった体験や経験を今一度振り返り、時代に合わせてカスタマイズしたり、場合によっては捨てたりすることも必要なのではないでしょうか。

間違っても「昔はこれで上手くいっていたのだから、今だって上手くいく。上手くいかないのは、生徒が軟弱になったからだ」なんていう考え方はやめましょう。

Point!

- □活動を行いながらアップデートしていくような意識でいよう。
- □初志貫徹がよい場合とそうではない場合の区別をしっかりつけよう。
- □自分の考えていることが絶対的に正しいということがないということを知ろう。

4

約束事の改善・変更はチーム全員で行う

「一人は皆のために、皆は一人のために」という言葉があります。チームとして必要なことは、チーム全体で決めることが必要です。そして、チーム全体・最後の一人まで納得できるように運営できたら最高です。

ルール変更はどういう時に起こりやすいのか

部活動を行っていると、イレギュラーなことが必ず起きます。

どんなにシミュレーションして、ルールで縛っても、完璧に対応できることというのはまずありません。起きた時にその都度、対応する必要があります。

ここでポイントになってくるのは、イレギュラーで起こったことが、毎週、毎月起こるようになってしまった場合です。それはもうイレギュラーではなく、レギュラーでしょう。

そうなった場合は、早急にチームのルールを変更する必要があります。

その時に、よくやってしまいがちなのは、教員がルールを変更してそれを部長が部員に連絡するというパターンです。

これが一番早くチームに伝達することはできますが、それを実行できるところまでいけるかどうかは疑問が残ります。

先生が独自に決めたことに対して部員が納得するかということです。

もしかしたら、そのチームで問題になっていることすら知らない部員もいるかもしれませんし、先生のルールよりもよいルールを思いついている部員もいるかもしれないのです。ルールを徹底させたいならば、やはり全員で時間を設けて行うべきです。

ルール変更の注意点

次にそのルール変更をする際に気を付けたいのが、ルール変更をする理由を明確にすることです。

順番は、

①部活動内で問題が起こっている。
②この問題をそのままにしておくと被害が増えてしまう。
③②の理由で何かよい考えはないか。

というような流れでしょうか。

まずは部活動内で問題の共有をし、その問題をこのままにしておくと部活動に支障が出てしまう。だから何かよい考えをもっているのであれば、教えてほしいというような感じです。

ここで、重要なのが部員に一度考えさせるということです。

自分たちのことを自分たちで改善できるということがわかれば、生徒たちもやる気になるでしょうし、自分事として取り組むことになるでしょう。まずは生徒たちに投げかけてみるということが重要です。

もし、投げかけても何も出てこないようであれば、教員の方から提案してみるということでもよいでしょう。

区切りや記念日の時に決意する意味

では、そのルールづくりというのは、いつ行ったらよいのでしょうか。

それは、何かの区切りの時がよいです。

というのも、皆さんも経験があると思いますが、1月1日に初詣に行って今年の抱負を絵馬に書いたり、自分の部屋に決意を書いたりして飾っておいたりしたことはありませんか？

あれは、去年の自分はここで終わりにして、新しい自分をここからスタートするというものです。決意を新たにする時には、こういったタイミングが一番効果的なのです。

部活動でいえば、4月、新入生も入り、新しいメンバーでスタートする時期に、ルールを決めるとよいです。

また、先輩が引退したタイミングで、新しいチームでスタートする時なども効果的でしょう。

何か新しく始まる時、チームが大きく動き出す時に、一緒にルールづくりをしてみましょう。

Point!

- □顧問だけで部活動のルール変更をすることをやめよう。
- □改善・変更する時には、その根拠や理由をしっかり示そう。
- □年度はじめや、先輩の引退のタイミングでルールを作成した方が効果が高い。

5

自分自身の発言と行動は一致させる

「先生と生徒は違う」「先生だからいいんだ」という考え方は、無くした方がよいかもしれません。生徒も人であり、教員も人です。人と人との関係性の中で正しい言動を意識するとよいでしょう。

他人のふり見て我がふり直せ

「あの先生は、生徒の前では格好いいこと言うけど、自分は全然できてないよね」

これは、どこの学校でも聞く生徒の発言です。

生徒は、本当によく先生のことを見ています。

例えば、「時間を守れ！　1分でも遅刻は遅刻」というような指導をしている先生がいるとします。その先生が、授業のチャイムが鳴ってから教室に入ってきたり、部活動が始まってから部活動に顔を出したりするとしたらどうでしょうか。

そう、生徒は「その先生言ってることと、やっていることが違うじゃん」となるわけです。

しかしながら、教員だって事情があり、遅れることもあるでしょう。

その時に「私は事情があって遅れている。だからこれは遅刻ではない」と考え、生徒に何も言わずに物事をスタートさせてしまうのでは、生徒からの信頼を大きく失ってしまいます。

ここで先生がやることはただ一つ「遅刻したことを認め、謝ること」です。先生が生徒に謝ることについて違和感を覚える人もいるでしょう。また、頭を下げたくない人もいるでしょう。

しかしながら、ここでは謝るのが最善だと私は思うのです。

教員と生徒という立場は違えど、人間と人間の関係性という点は変わりません。そうであるならば、ここでは謝罪が必要になってきます。

その際、どうして遅れたのかを添えて話してもよいかもしれませんね。

もちろん、既に予定があり、遅れていくことが確定している場合は、事前に伝えておくようにしましょう。

そうすることで生徒は、「この先生は、私たちのことをしっかり考えてくれている」と思うでしょう。

そのような誠実な先生に対しては、生徒たちも期待に応えようと態度で示してくれるでしょう。

言行一致

「言行一致」という言葉があります。

言葉の通り、「言葉と、行いを一致させる」ということです。

先程の話を例に出すならば、「時間を守れ」というならば、自分も「時間を守る」ことを意識しなければならないということです。

しかしながら、これも自信をもって100%毎回できるという人は、なかなか少ないのではないでしょうか。

何か理由があって、時間を守れないことはあります。それは、生徒も教員も一緒です。ですので、お互いある程度は完璧にできないという部分があることを意識しておくとよいでしょう。

「言行一致」を意識しすぎるあまり、自分の言動に制限がかかりすぎ、生徒に何も注意できなくなる先生もいます。

その思考の流れを「時間を守る」という視点で考えていきましょう。

①時間を守るということは必要であると思っている。
②しかしながら、時間を守ることは100%できないかもしれない。
③自分ができないことを生徒に求めるのは理不尽である。
④生徒にとって必要だと思っているけど、生徒に求めるのはやめよう。

このループに入ってしまうと、生徒に何も注意ができない先生になってしまい、逆に生徒からも信頼されません。

100%完璧な人間なんていないのです。

それは、生徒だってわかっています。

「自分で言ったことはしっかり行動に移すぞ」という気持ちをもって指導し、できなかった時にも真摯に向き合えていれば、生徒もわかってきます。

では、できなかった時にはどうすればよいでしょうか。

謝ることに立場や年齢は関係ない

教員が生徒に謝ることは、私は必要だと思います。

人間ですから間違えることもあるので、当然のことでしょう。

しかし、ここで重要なのはその謝り方です。

教員は生徒よりも歳が上であり、立場もあることから、素直に謝れないという人もいるかもしれません。

しかし、ここで謝り方を間違えてしまうと、大きく信用を失います。謝る内容にもよるとは思いますが、大きく分けて２パターンあると思っています。

> ①ルールを守れなかったが、実害が起きていないこと
> ②ルールを守れなかったせいで、実害が起きていること

特に②の際は、誠心誠意謝らなくてはいけません。

例えば、教員が時間に遅れたことで、荷物が会場に届かず、ウォーミングアップができず、そのまま試合が始まってしまった等が考えられるでしょう。

この場合は、生徒に大きな実害が起きているので、しっかりと頭を下げて謝らなければいけません。

そうすることで、たとえ一度信頼関係が崩れてしまったとしても、その後の再構築に生かすことにつながります。

それまでの関係性によっては、生徒と教員の信頼関係が深まることもあり、生徒自身も謝り方を覚えていくものです。

そのためにも教員が率先して謝るところを見せて、生徒に教えてあげましょう。謝り方が上手でない生徒もいると思います。逆に謝ることで相手を不快にさせてしまうこともあるかもしれません。でもそれは、経験値が足りないことが挙げられます。

長い人生の中で、人に対して謝る部分はたくさん出てきます。その時のために今、ここで先生が見本となって謝り方を教えてもよいのではないでしょうか。

そう考えれば、自分が何かミスしたときに生徒に対して、誠実に謝ることができると思います。「生徒の見本になるんだ」という気持ちで謝りましょう。

「ありがとう」と感謝の気持ちを伝える

小学校の時に「ありがとう」と「ごめんなさい」をセットで教えられた経験はないでしょうか。小さい頃から親に口酸っぱく言われている方もいらっしゃるかもしれません。

この「ありがとう」「ごめんなさい」については、大人になった今でも必要なことだと感じます。なぜか、大人になるとこの二つが言えなくなってくるような気がしています。

それは、自身の立場やプライドのようなものがそうさせるのかもしれません。私自身、「ごめんなさい」は言えるのですが「ありがとう」の言葉がなかなか出てきません。感謝の言葉は誰でも嬉しいものです。私も含めて一緒に感謝の言葉を言えるようにしましょう。

Point!

□生徒は自身の鏡であるということを意識しよう。
□「言行一致」を意識するのはよいが、できないこともあるということを覚えておこう。
□教員も人間であるので、謝る時はしっかり謝ろう。

6

何をするにも人対人である

教師という仕事は、人と人との関係性の中で行われています。それは教員同士でもそうですし、生徒に対してもそうです。相手が人だからこそ悩みも大きくなりますが、嬉しさもその分大きいのです。

同じことを言っているのに伝わり方が違う

「あの先生と同じことを話しているのに、生徒への伝わり方が違う」

このような経験はありませんか。

例えば、部活動の先生が生徒に「この荷物を運んでおいてくれないか」と頼んだとしましょう。生徒は「はい」と言ってすぐに運びます。では、担任でもなく、授業の教科だけを担当している人が同じことを言ったらどうでしょう。恐らく迅速には運んでくれないのではないでしょうか。「なぜ私たちがやらないといけないいんですか」というような言葉も出てくるかもしれません。

これは関係性の問題が影響しています。部活動は、担任と同じように日々生徒の様子を見ながらコミュニケーションを取っています。その中で築かれた信頼関係があると思います。その信頼関係は、ともに過ごした時間の長さもあるかもしれませんが、喜怒哀楽といった感情が出やすい部活動という中だからこそ築かれたものであるともいえます。

実は大人も知らず知らずのうちに人間関係で動いている

先程、教員と生徒という話をしましたが、何も大人と子どもだからというわけではありません。これは大人同士でもありえることです。

例えば、職員会議において何事もスッと通してしまう先生がいませんか。ちょっと難解な議題でもその先生が提案者ならば、反対が出にくいというような先生が。きっとその裏には、「この先生が提案しているのであれば、きっとこの学校に必要なことなのであろう」「あの先生なら信頼できる」等々、提案者との人間関係も含めてその議題を考えている場合があります。もちろん、その提案者が根回しにとても長けているということも言えるかもしれません。

部活動も会議も、人と人とが関わり合う場面です。杓子定規にすべて物事が決まるわけではないのです。しかしながら、それがよい方向に進む場合もあれば、悪い方向に進む場合もあるということも覚えておきましょう。

自身の行動に対して見返りを求めない

以上のようなことを話していると、「ギブ&テイクということですか」という質問を受けることがあります。つまり、「部活動において先生が皆のためにこれだけ時間と労力を費やしているのだから、それに見合うだけの見返りをよこせ」というものでしょうか。わからなくはありません。部活動に熱くなればなるほど、生徒にもその熱さを求めたくなります。

これは部活だけではありません。例えば、授業はどうでしょうか。一生懸命教材研究をして、50分の授業のために2時間くらい準備したとしましょう。その授業を実際に行い、生徒が全然やる気を出さなくて不真面目な態度をとったとしたらどうですか。きっと、怒りが込み上げてきたり、がっかりしたりすることでしょう。

これらは、自分の行動に対して「きっとこれくらいの見返りがあるだろう」と想定してしまい、それが裏切られると、自身の感情があふれ出してしまうために起こる感情です。一体どうしたらよいでしょうか。

ギブ&ギブの精神で考え行動する

私は見返りを求めず、ギブして更にギブするのがよいと考えています。もちろんできる範囲で、です。自分が苦しくなってまでギブを続ける必要はありません。

ギブをして見返りを求めず、更にギブをするのは非常に大変なことかもしれません。でも一度やってみてください。すると生徒から何か見返りがあった時、それが些細なことであったとしてもとても感動できると思います。自身がよいと思ったことを、生徒に惜しげもなく与えることができるというのが、信頼関係を築く一歩なのかもしれません。生徒は先生のことをよく見ています。生徒から信頼される教員を目指しましょう。

「与えられることに慣れてしまった生徒は、社会に出ても活躍できないのではないか」

このように思われる先生もいると思います。私もそれには共感できます。確かに、ギブばかりしていると、それが当たり前になってしまうような気がしていますが、当たり前ではないことを生徒に伝えていくのです。

ではどうやって伝えていけばよいのでしょうか。

生徒自身に考えさせる

「人から何か教えてもらった時はどうする?」「人に何かしてあげたいと思う時はどういう時かな?」等の問いかけを生徒に投げます。特に答え合わせはしません。ただ、「先生はどう考え、行動しますか」と聞かれれば、答えます。

自分が今どういう状況にあり、周囲のサポート等があって部活動に参加できているということを自身の気持ちの中から溢れてくるのを待ちます。保護者にシューズを買ってもらわなければ参加できないし、顧問の先生がいなければ活動もできない、大会を運営してくれる人がいなければ、大会に出場すらできない。自分たちが気持ちよく部活動ができるように多くの方が関わっていることに対しての感謝が生まれてほしいと思います。

Point!

□見返りを求めず、ギブ&ギブの精神で生徒に接しよう。
□ギブされていることを生徒に自覚させるように問いかけをしよう。

第5章

Z世代とつくる部活動ポイントまとめ

1

部活動は「人と人との関係性」である

3年間という長い期間をともに過ごすからこそ、育むことができる力もあるはずです。

業務の精選はもちろん必要ですが、それが常に生徒たちのために行われたらなおよいですね。

3年間で一番長い時間を共有する

部活動の時間は、生徒と一番時間を共有する時かもしれません。

授業ももちろん生徒と一緒に時間を共有しますが、週に5回部活動があるとすれば、どの授業よりも長い時間を生徒と共有していることになります。

さらにいえば、メンバーも固定されているし、それが3年間となればその時間はとても濃い時間となるでしょう。

そうなると、顧問と生徒の関係性は非常に密度の高いものになります。

また、生徒同士の関係性についても同様です。

濃くなれば信頼関係も深まり、よりお互いのことをわかり合えることでしょう。

しかしながら、逆に関係性が悪くなれば、3年間という長い時間が苦しい時間になるということもあります。

部活動でしか学べないこともある

昨今、部活動の時間が長いことや、活動が多いことで、教員の働き方がブラックになっているという話を聞くようになりました。

確かにそういった側面は存在すると思います。

自分が経験したことのない部活動の顧問になったり、その部活動の内容にまったく興味がなかったりした場合、その部活動の時間は、教員にとって非常に苦痛な時間になってしまいます。

そのため、部活動を外部委託し、地域のクラブチームにお願いしたり、外部指導員をお願いしたりというような動きが出てきています。

そのような動きが出ていることについてはまったく異論ありません。

ただ、今まで部活動が担ってきた教育的価値をそのまま継続できるのかという部分については、少々疑問に感じることもあります。

部活動で成長できる力については、前章でお話ししましたが、「そういった力は他の活動でも育成できる」と言われることもあります。果たして本当にそうでしょうか。

授業よりも長い時間かけて固定のメンバーで真剣に取り組むことができるものが他にあるでしょうか。

しかもそれが、学年を跨いでのものというおまけつきで。

恐らく現状ではないでしょう。

そう考えればここでしか学ぶことができないものというものも存在するのではないかと思うのです。

部活動に所属していなければ、先輩・後輩の関係性は薄く、卒業式等でも感慨深い、という経験をすることもないでしょう。

部活動の加入を促しているわけではありませんが、事実としてそうなるということは述べておきます。

また、部活動ができる環境についてはどうでしょうか。

例えば、学校であればグラウンドや体育館等を無料で使用できますが、これがクラブチームとなれば、受講料や施設費も徴収されるかもしれません。

それでは一人で活動しようという考えに至ったとしても、その場所を確保するだけで力尽きてしまうでしょう。

そう考えていくと、部活動が学校にある必要性も感じることができます。教員の持続可能な指導の仕方や働き方を、学校や地域全体でもっと模索していく必要があるのだと感じます。

学校の思い出に部活動が多いのはなぜか

「中学校・高校生活の中で一番の思い出はなんですか」と聞かれて、部活動と答える生徒も少なくありません。

それはやはり一定期間ずっと一生懸命やってきたから思い出にも残っているのだと思います。

私は今でも高校の仲間と会うことがあります。それもクラスで集まるよりも部活動のメンバーで集まることが圧倒的に多いです。

やはり、3年間という年月が信頼関係を高めた結果でしょう。

また、部活動では感情が大きく揺さぶられる経験が多かったように思います。

第5章
Z世代とつくる部活動　ポイントまとめ

ある時はぶつかり、ある時は称え合い、喜怒哀楽が散りばめられている活動でした。それゆえ、感情が揺さぶられ思い出に残るのかもしれません。

そのような部活動がこれからどのような扱いになっていくのか。それはわかりません。ただ、先生方にとっても、生徒たちにとっても、保護者にとってもよい解決方法を探せれば一番よいなぁと感じています。近江商人の「三方良し」のような部活動運営が望ましいですね。

生徒のためにと頑張りすぎてしまう先生や保護者の対応に苦労されている先生、今一度部活動の在り方を考え、学校や生徒の実情に合わせた最適解を見つけに行きましょう。


Point!

□授業の時間よりも長い時間生徒と時間を共有することを意識しよう。
□部活動で成長できる生徒の能力があることを理解しよう。
□生徒の中には一生残る記憶になると意識して活動しよう。

2

部員一人ひとりが今どういう状況なのか把握する

生徒には一人ひとり、様々な事情があります。その事情に思いを馳せ、尊重することが大切です。

教員やチームの考えを押し付けたとしても、それは結果として定着しにくいものになってしまいます。

住んでいる場所、育ってきた環境が異なる生徒たち

部員が多ければ多いほど、部活動の運営が大変になります。

当たり前のことですが、人数が増えるほど、一人ひとりの状況を把握するのが難しくなります。

しかしながら、部員は皆同じ状況にあるわけではないので、個々に対応を迫られる場合もあるでしょう。

例えば、練習試合があり、相手校に８時３０分に集合だとしましょう。学校からは相手校までそんなに時間はかからなくても、学校まで通学で時間がかかっている生徒だったら、さらに時間はかかり、その時間に間に合わないかもしれません。

また、練習試合には交通費や飲食代等がかかります。

経済的に厳しい生徒は、「練習試合は行きません」というようなこともあるでしょう。

そして、その事情は顧問には言わないかもしれません。

そういった生徒に対して、先にも述べましたが、「練習試合に遅刻するなんておかしい。

ましてや行かないなんて何を考えているんだ」「俺が高校生の時は、○○だったぞ」等と言ってしまいがちなものです。

そこは生徒の事情が千差万別ということを頭において、まずは話を聞いてみましょう。理由も聞かずに叱ったり、怒ったりしてしまえば、その生徒は二度と教員に相談することはないでしょう。

当人しかわからない事情がある

「次の公式戦ですが、会場まで行く足がないので行けません」

このように話す部員に出会ったことがあります。

他の部員が電車で行くので、その部員だけ足がないから行けないというのは明らかにおかしいので、「皆電車で行くのだから、一緒に行けばよいのではないか」と伝えたところ納得はしていない様子でした。

不思議に思い担任に話してみると、「トイレが近くて電車に乗るのが不安である」「家の車なら安心なのだが、今度の大会の日は親が仕事で車が出せない」ということのようでした。

これは、生徒に申し訳ないことをしたなあと、今でも思い返しては反省するエピソードです。

「高校生なのだから電車に乗れるのは当たり前」のように考えてしまい、個々の事情に対して、考えることができていませんでした。

押し付けられた意見や考えは定着しない

ただ実際のところ、様々な事情があるのはわかっていても、それを常に頭に入れておくことは難しいと思います。

そのため、アンケートや面談を通して、生徒の様子を確認するとよいのではないかと思います。

面談は、大変ですが一人ひとりと行った方がよいです。

皆の前だと言いにくいことが、二者面談なら言えることもあるからです。

最初は、面談なんて必要ないと言っていた生徒であっても、その環境があれば悩みを吐露してくれることもあります。

そこでポイントになってくるのは、自分の考えやチームの考えを押し付けないということです。

せっかく生徒が自己開示して話してくれているのに、「先生はこういう時にはこうした」「チームの考えとお前の考えはずれている」等無理にアドバイスをしないということがポイントです。

まずは、しっかり話を聞いてあげることが第一であり、相手がアドバイスを求めてきたらアドバイスをするくらいがちょうどよいのです。

「先生が自分に時間を取って話をしっかり聞いてくれた」「この先生だったら信頼できる」という形になっていくでしょう。


Point!

- □「自分の時代はこうだった」は通用しない。
- □部員には様々な事情があり、当人しかわからないこともあることを理解しよう。
- □自分の考えやチームの考えを無理に押し付けないようにしよう。

3

日程調整もチーム全体で行う

チーム全体に関わることは、チームで考える時間を設けましょう。大人であっても「私その話聞いてないんだけど」という場面があり怒り出す人もいます。些細なことであっても共有するくせをつけましょう。

日程調整はチーム全体でする

「来週の土曜日午後に練習試合を組んだので予定を空けるように」

このような台詞は誰しもが使ったことがあるのではないでしょうか。

予定がない生徒に関しては、特段問題はないですが、既に土曜日に予定を入れてしまっている場合も想定できます。

すると、その部員は練習試合に参加することができません。

個人スポーツ等なら、まだ影響は少ないですが、チームスポーツということになれば、全員参加している方がよいです。

ましてやスタメンならばなおさらです。

しかし、来週の予定を急遽顧問の先生が入れたのであれば、生徒が悪いわけではありません。

予定が入っている理由も様々な可能性があります。

前の章でも触れましたが、部活動が常に優先順位が一位というわけではないのです。

そのことを踏まえて考えれば、欠席する部員がいても致し方ないということです。「エースの自覚があるのか」「チームスポーツなんだから協調性を大事にしろ」等、思うかもしれませんが、この場合は、先に部員たちと日程調整を行っておくことが必要だったと思います。

日程調整は、部員の人数が増えれば増えるほど難しいかもしれません。

しかし、事前に集計を行い、最も参加率が高い日に設定すれば、部員も納得してくれるはずです。

現在は、日程調整できるアプリ等も多くありますので、そのようなアプリを使用し、チーム全員の動静を可視化できるようにしておくとよいでしょう。

ペナルティの是非

先の例のように、各自や家庭の事情で、部活動に参加できない部員も出てくることでしょう。

そんな時、ペナルティを与えるのは絶対にやめましょう。

生徒一人ひとりに事情があり、その事情は生徒にしかわかりません。

また、生徒はその内容を話してくれない時もあります。

その内容が人に話すのが恥ずかしいと思っていることだったり、特殊な事情のため理解されないのではないかと思っていることだったりします。

生徒が「この先生にだったら話せるな」と思うような、心理的安全性を確保していくことも、部活動運営にはかかせないことです。

無理に根ほり葉ほり聞いてしまうと、逆に生徒が心を閉ざしてしまうので、注意が必要です。

顧問のプライベート

生徒のことばかり話してきましたが、顧問のプライベートももちろん同じくらいに重要です。

顧問にも休息の時間や部活動指導の他にもやりたいことがあると思います。

そういう時には、副顧問の先生にお願いしたり、部活動自体をオフにするということも重要です。

先生にとっても、部活動指導が常に優先順位一位ということもないでしょう。自身の子どもと遊びに行くといった育児の時間も必要ですし、もしかしたら親の介護の時間にあてる人もいるかもしれません。

もちろんパートナーと一緒に過ごす時間だってあっていいと思います。

顧問の先生自身のプライベートも充実させようとすることで、自然と生徒の事情も考えることができるようになっていくのではないでしょうか。

Point!

□部員に日程伺いを立てよう。

□生徒が何らかの事情で参加できなくても罰則は与えないようにしよう。

□顧問自身の都合（プライベート）も重要である。

4

できるところとできないところをはっきりさせる

部活動の顧問といっても、今置かれている状況も異なり、考え方も違います。誰かと比較するのではなく、自分が今置かれている状況をしっかり認識するところから始めましょう。1日が24時間なのは誰も変わらないのですから。

努力は報われる！？

「頑張れば何でもうまくいく」私もそんな風に思っていた時がありました。

多くのことは、時間を費やせば何とかなることが多かったからでしょう。

しかしながら、時間をたくさん使っても上手くいかないこともあります。

また「頑張る」ということと「たくさんの時間を使う」ということが、イコールの関係でもないように感じてきました。

頑張る方向性が正しくないと、たくさんの時間を費やしても上手くいかないこともあるのです。

その頑張る方向性がわからない時もあると思います。

例えば、その部活動をはじめて担当した場合や、人生の中で一度も経験したことがないものに取り組む場合です。

このような場合は、どのように努力したらよいのかがわかりません。

それでも「頑張れば大丈夫」というマインドで進めてしまうと、生徒にとっても不幸ではないでしょうか。

自分は、その努力の方向性を見いだすことができないと感じたならば、すぐに専門家の意見を聞いたり、その部活動の経験者に話を聞いたりするように心がけています。

１００％ではないにしろ、大きな方向性だけ教えてもらえれば、努力のロスは少なくなるのではないでしょうか。

「教員の威厳」とは

先に述べたような話をすると「顧問の威厳がなくなってしまうから、自分の力でなんとかしたい」とおっしゃる方もいます。

先生という立場がそうさせると思うのですが、この状況の場合、多くの先生はその道の専門家ではありません。

はじめに述べた通り、先生は、教科で採用されているので、部活動指導の先生として採用されているわけではないのです。

先生は何でも知っていて何でもできると思われがちですが、そんなことはないのです。

できないからといって、生徒が先生に対して失望することはありません。

逆に、知らないことできないことを、さもできるようにふるまってしまう行動こそ、生徒は嫌がるのです。

生徒に対して、自身のウィークポイントを自己開示するというのは、非常に勇気のいることです。

しかし、長い時間をともにする部活動の生徒だからこそ、示してあげることで誠意が伝わり、良好な関係を築けると思います。

完璧主義からの脱却

無理にできないことを行うとどうなってしまうのでしょうか。

知らないことや経験したことがないことを無理に行い続けていると心身ともに疲れてしまいます。

まずは、「自分が経験しなくてはいけない」「本をたくさん読んで勉強しなくては」と考え、行動にうつすことは大事だと思います。

しかし、この行動には、ものすごいエネルギーと時間を投下することになります。その理由は、やったことのないことを新しく始めているからです。新しく始めるということには、ものすごくストレスがかかるのです。部活動だけを担当しているわけではないので、他の仕事にも支障が出るかもしれません。また、こういう場合もありえます。

なかなか時間が取れないので、いかにも勉強し知っているという態度で生徒に接するというものです。

これは、長続きはしません。中身がないことが生徒にもわかってしまいますし、この態度でいくとなると、嘘をつきながら指導していることになります。

生徒にはすぐに見透かされてしまうでしょう。

先生にとっても精神的にまいってしまうかもしれません。大きな問題になる前に、生徒に伝えることが必要です。

このように心身にストレスがかかる前に、自己開示してしまいましょう。先生が先生らしく指導できるのが一番だと思います。

私自身も経験のない部活動の顧問をしたことがあります。その時は、本で勉強したり、道具を購入したりして一緒に練習をしていました。生徒は、一緒に活動してくれると喜んでいましたが、弊害も出てきます。

一つ目は、全体を見ることができないということです。生徒と一緒に練習していると、どうしても目の前のことに集中してしまい、部活動全体がどういう状況なのか見えなくなってしまいました。

二つ目は、他の仕事が処理できなくなるということです。新しい技術やルールを覚えることにはものすごくエネルギーを使います。残念ながら、そのことばかりに時間を取られてしまうと他の仕事が回らなくなります。体力的にも中高生と同じ運動量を楽々こなせる人も少ないでしょう。自身の時間と体力と相談しながら、運営していきましょう。

Point!

□自分の力量を知ることが大切。
□生徒に自己開示をしよう。
□無理にできないことを行うと、大きな問題につながる。

5

常に生徒の味方であることを伝える

味方であることと、甘やかすことは同義ではありません。味方だからこそ、叱らなければならないところもあるでしょう。その時、感情的になって怒らずに、「味方のために叱って諭そう」くらいの心のゆとりをもちたいものです。

生徒のために教員がいる

生徒のために先生方は日々努力し、生徒と接しています。

時には叱ることもあるでしょう。

それはその生徒のためを思って叱っていると思います。

しかしながら、生徒の受け取り方は千差万別のような気がします。

「あの先生いつも叱ってきて嫌だなぁ」と思う生徒もいれば、「あの先生は僕たちのことを考えて叱ってくれている」と考える生徒もいます。

この差はいったいどこにあるのでしょうか。

それは一重に、教員と生徒の信頼関係だと思います。

信頼関係のつくり方は、前章でお話ししました。

もちろん叱り方にも生徒は敏感に反応します。

大勢の前で叱るのか、個別に呼んで叱るのか。

感情的になって叱っているのか、諭すように叱るのか。

先生によって指導方法は異なるとは思いますが、生徒の受け取り方次第では、教員の思った方向に進まないこともあります。

信頼関係ができ、お互いの人となりがわかっていれば、問題は起きないのですが、そうでないと反発が起きたりもします。

そこで、重要なのが相手に寄り添ってあげることです。

生徒に対して不利益になるようなことをしているのではなく、常に味方として対応しているという姿勢を見せる必要があります。

人数が多い部活動では、なかなかその部分が伝わりにくいかもしれませんが、普段の活動の中から、そこを意識させておくとよいかもしれません。

どうしたら味方と思われるのか

それではいつも味方であるという姿勢は、どのようにして見せれば生徒たちにも伝わるのでしょうか。実際に言葉で伝えることも大切ですが、行動が伴っていないと言葉に説得力がありません。

生徒が困った時にすぐに対応してあげているか。

相談に対して真剣に話を聞いてあげているか。

普段の活動の中で、生徒をよく見て声をかけているか。

そういったところだと思います。

特に生徒が困った時にしっかりと対応してあげられているかがポイントになります。

「私はあなたの味方です」という言葉は、誰にでも言えてしまうので、言葉の真偽が問われる時、しっかりとサポートできるとよいでしょう。

叱るポイントは一定に！

「あの先生、いつ怒るかわからないから話しづらいなぁ」ということを言う生徒がいます。

この発言が出るのは、教員側がその日の感情で叱ってしまっているから、という場合が多いと思います。

そうなると、「昨日は同じことをしても叱られなかったのに、なぜ今日だけ叱られるのだろう」「どうしてあの子は叱られないのに私だけ叱られるのだろう」となっていってしまいます。

そう感じるようになると、生徒は心を閉ざし始めるでしょう。

私たちは、その日の感情で叱るポイントを変えてはいけないのです。

叱るポイントはいくつかもっておくべきでしょう。

例えば、部活動のルールを破った時（遅刻する、連絡をしない等）などは、本人も自覚しているので、先生の独自の叱るポイント（大切にしている部分）があるのであれば、部員に先に伝えておく必要があります。

「こんなこと常識で、叱られるのは普通だ！」としてしまってはいけません。

「常識」「普通」は、皆で共有されないので、しっかりと言語化しましょう。

Point!

- □叱ることはあっても、常に生徒の味方であることは変わらない。
- □常に味方であるということを生徒にも伝えておこう。
- □常に叱るポイントはずらさないようにしよう。

6 今も昔も変わらないもの

部活動指導において、Z世代の特徴を挙げて書いてきましたが、今も昔も変わらないこともあります。そもそも、その世代がすべて同じ特徴をもっているとは限りません。最終的には個人個人となるのです。

いつの時代も変わらないギャップ

「最近の若者は～」という言葉を聞いたことはありませんか。一般的に、年長者が若者に対しての批判をする時によく使用される言葉です。学校現場で言えば、「最近の中学生は～」「最近の高校生は～」といったところでしょうか。

実は面白い話があります。古代エジプトでも「最近の若者は～」という言葉が書かれていたということです。もちろん他の国でも同様に、書物に書かれていたりしていることからも万国共通であるということができます。つまりいつの時代にも年長者が若者に対して思う感情があるということです。

この言葉とセットで使われる言葉の代表格は「私の時代は～」です。自分たちが歩んできた時代を回顧し、現在の若者との比較をする。そして「自分たちの時代もこうだったのだから、今も継続してやるべきだ」「今は昔よりも恵まれているんだから、もっと努力するべきだ」という発言につながっていきます。この言葉を聞いた生徒たちはどういう気持ちになるでしょうか。

自分たちが中高生であったことを忘れてしまう

例えば、挨拶ができていない、時間が守れない等の生徒がいたとします。その生徒を見て、「最近の生徒は、挨拶すらもできない、しかも平気で遅刻までする」「私たちの時は、そんなことなかった」ということがありませんか。

確かに、そういった一面もあったかもしれません。しかし、学校全体で見れば、昔も挨拶ができない生徒もいたし、遅刻をした生徒もいたはずです。

つまり、局所的に見て全体を捉えがちになってしまうということでしょうか。また、自身が中高生時はすごくよくできたと過去を美化することもあるのでしょう。実際私たち教員にも色々あったはずです。しかしながら、遠い記憶となり、自身の都合の悪いことはあまり記憶に残っていないというのが世の常です。自身も同じようにできないことがあったなぁと思い出し、生徒のできないところを叱責するだけではなく、寄り添いともに考えるという時間をつくってもよいかもしれません。

知らないということと嫌いという感情はセットになりやすい

先程の「最近の若者は～」という件がありましたが、その背景にあるのは、自身がそのことについてあんまりよく知らないということもあります。

例えば、部活動の中での技術について「そんな技は教えていない」「昔からある練習通りにやればいいんだ」という指示をしたことがありませんか。自身が新しい技術や練習方法を知らないと、どうしても自分が理解している知識や方法に固執してしまったり、新しいものに対して批判的になってしまうものです。

何も部活動においてだけではありません。例えば、スマートフォンが世に出てきたときに、「自分の個人情報が電話の中に入ってしまうのに落としたら大変」「こんなものは一部の必要な人だけが購入するものだ」等色々言われていたと聞きます。それと同じではないでしょうか。よく理解できないものや人に対して起こってしまう感情なのでしょう。その感情が嫌いという感情と一緒になるのです。

第５章
Ｚ世代とつくる部活動　ポイントまとめ

反対に、よく知っている場合も厄介です。よく知っているからこそ、相手のミスに気が付き、マウントを取ってしまいがちです。また、聞いてもいないのに知っているからこそ、教えたがりになってしまいます。そして、このタイプの一番のよくないのは、「ビギナーズマインド」をもたないということです。

どういうことかというと、自分の得意な領域であればあるほど知っていることが多くなって、研修等を受講しても「これも、あれも知っている」「この講習聞く意味ないな」と感じて、学ばなくなります。しかしながらいつでも「ビギナーズマインド」をもっていれば、知っていることの中にも新しい発見を見つけることができますし、成長にもつながります。生徒の意見や若者の考え方にはっとさせられることもあるでしょう。経験値が高くなっても学ぶ姿勢はいつまでももっていきましょう。

Point!

- □いつの時代にも「最近の若者は～」は存在する。
- □知らないということと嫌いという感情は非常に近くにある。
- □いつまでもビギナーズマインドをもつことを忘れないでいよう。

おわりに

ここまでお読みいただきまして、本当にありがとうございます。

今回はじめて「部活動」をテーマに執筆を進めて参りました。私が経験し、感じたことをそのまま書かせていただきました。

Z世代の生徒たちに対してどのように指導したらよいのか。

それは、何も部活動においてだけではありません。担任として、学年主任として、教務主任としてそれぞれのお立場で悩まれているかと思います。

その中でも、部活動の顧問というのは、その生徒たちの3年間を見とるという意味で、非常に濃い人間関係の中で行われる教育活動だと思います。だからこそ悩みも尽きないのだと思います。


本書の中でも紹介しましたが、私は中学校からバスケットボール部に所属し、高校でも部活動を続けました。

それだけでなく、大学のサークルや社会人になってもクラブチームでも活動を続けてきました。

各学校で何度かバスケットボール部ではない部活動も経験しましたが、ほとんどの期間バスケットボール部の顧問として携わらせてもらっています。

自分が経験してきた部活動をもてない先生方がいる中で、本当にありがたいことだなぁとつくづく感じております。

しかしながら、経験しているのにもかかわらず、部活動運営というのはこんなにも難しいものなのかと考えさせられます。

そう考えると、未経験の部活動指導をしている先生方のご苦労は計り知れません。

昨今、様々なメディアでは「働き方改革」「教員の志願者激減」「ブラック部活動」等々の言葉が並んでいます。

確かに先生は、忙しいです。しかし、だからこそ、この状況を打破しなければならないと強く感じております。

本書を書こうと思ったきっかけもそうでした。部活動が問題ならば、いかに部活動に携わる生徒や先生が幸せになるのか考えよう。そしてそれを共有しようという気持ちからです。

巻には、部活動の本がたくさん出ています。その一つひとつに物語があり、著者の想いが刻まれています。

読者の方には、是非その一つひとつを読んでいただき、「この部分は自分も共感できる」「ここは是非明日から真似しよう」と参考にしてもらえたらよいと思います。

学校の実情や生徒の様子、顧問の先生のキャラクター等、何をとっても同じものはありません。本書の内容がもしかしたら合わない部分もあるかと思います。

すべてでなくてよいので、本書が先生方の部活動指導の一助になれば幸いです。

本書は、すべて著者である私の経験から作成されたものです。

私の中学校・高校の時の経験や、10年以上の部活動顧問経験から気が付いた内容を盛り込んでおります。

もしかすると、ベテランの先生から見れば、本書で書いてあることは、ほとんど知っている内容だと感じた方もいらっしゃったかもしれません。

その際は是非「ビギナーズマインド」をもって、読んでいただければ幸いです。

本書を書き上げることができたのも、中学校・高校で熱心に指導してくださった先生方、また初任校から現在まで部活動指導において、様々な場面で効果的な手法をご教授してくださった先生方のおかげです。この場を借りて御礼申し上げます。

また、執筆中に仕事も立て込み、なかなか筆が進まない私を優しく見守ってくれた妻と娘にも感謝しています。

最後に私の様々な事情に寄り添い、粘り強く編集していただきました明治図書の新井さんに格別の感謝を申し上げます。本当にありがとうございました。

本書が皆さまのお手元に届き、何か一つでも参考になることを願ってやみません。

2023年8月

浅見　和寿

【参考文献一覧】

竹内義晴『Z世代・さとり世代の上司になったら読む本　引っ張ってもついてこない時代の「個性」に寄り添うマネジメント』（翔泳社）
原田曜平『Z世代　若者はなぜインスタ・TikTokにハマるのか？』（光文社新書）
杉本直樹『部活動指導スタートブック　怒鳴らずチームを強くする組織づくり入門』（明治図書出版）
西川純『部活動顧問の断り方』（東洋館出版社）
杉本直樹『部活動指導の心得　現場教師による現場サイズのブカツ論』（明治図書出版）
佐藤博志、朝倉雅史、内山絵美子、阿部雅子（著）『ホワイト部活動のすすめ―部活動改革で学校を変える』（教育開発研究所）
友添秀則『運動部活動の理論と実践』（大修館書店）
中屋晋、大亀靖治、大津信亮、高野泰、板橋泰洋、西澤隆（著）、一般社団法人　日本部活指導研究協会（監修）『部活動指導・運営ハンドブック』（大月書店）
内田良『ブラック部活動　子どもと先生の苦しみに向き合う』（東洋館出版社）
倉岡正英『週休2日でも強い部活にできる！　部活動顧問の仕事のルール』（明治図書出版）
神谷拓『生徒が自分たちで強くなる部活動指導　「体罰」「強制」に頼らない新しい部活づくり』（明治図書出版）
青柳健隆、岡部祐介（編著）『部活動の論点　「これから」を考えるためのヒント』（旬報社）

【著者紹介】

浅見　和寿（あさみ　かずとし）

公立高校教諭。大東文化大学兼任講師。

著書に，『ゼロから始めてここまでできる！　公立高校でのICT 教育実践　プロジェクターや動画を活用した授業』『ゼロから始めてここまでできる！　公立高校での ICT 教育実践２　オンライン授業やプロジェクター活用事例』（ともに翔泳社），共著書に『漢文の知識ゼロでも，桃太郎のマンガで共通テストまでの力がしっかり身につく』（旺文社）等がある。

Z 世代の生徒とつくるはじめての部活動

2023年10月初版第１刷刊　©著　者　浅　見　和　寿

発行者　藤　原　光　政

発行所　明治図書出版株式会社

http://www.meijitosho.co.jp

（企画）新井皓士（校正）大内奈々子

〒114-0023　東京都北区滝野川7-46-1

振替00160-5-151318　電話03(5907)6701

ご注文窓口　電話03(5907)6668

＊検印省略　組版所　中　央　美　版

Printed in Japan　ISBN978-4-18-353839-0